受験は三省堂

2024 ケータイ
行政書士
基礎知識

JN016196

竹井弘二 著

三省堂

◉ 効率的に基礎知識で6問以上を正解しよう！ ◉

　行政書士試験の配点は、法令が244点満点であるのに対して、基礎知識は56点満点です。したがって、対策は法令が中心です。しかし、基礎知識をおろそかにすることはできません。法令だけでなく基礎知識についても足切りがあり、基準点をクリアしないと合格できないからです。

　行政書士試験に合格するためには、基礎知識の基準点である6問以上を正解する必要があります。しかし、あくまで法令を中心に学習すべきですから、基礎知識は、最低ラインの6問正解をめざして効率的に学習すべきでしょう。

　では、いかに効率的に基礎知識で6問を正解するか？やはり、過去問の研究は不可欠でしょう。「敵」を知り、対策を立てるために、また、繰り返し問われる問題について確実に正解するために、過去問の学習は欠かせないのです。

　過去問の効率的な学習には、本書が最適です。本書は、まず、合格に不可欠な知識を覚え、その直後に過去問を解いて知識を定着させていこうというものです。本書を反復学習すれば、基礎知識で6問を正解できると確信します。

　なお、令和6年度の試験から、従来の一般知識が基礎知識と名称を変え、行政書士法等諸法令からの出題が明言されました。本書では、この点にもしっかり対応しています。

　合格に必要な"ミニマム"を集約した本書を100%マスターすれば、あなたは必ず合格します。合格通知を手にした自分自身を想像し、自信をもって本試験に臨んでください。

　本書の刊行にあたり、本企画の創設者である水田嘉美先生並びに三省堂六法・法律書編集室の加賀谷雅人氏に心より御礼を申し上げたいと思います。

著者　竹井弘二

この本は、左ページに必須知識のまとめ、右ページには実際に出た過去問題を○×形式にして再現した、見開き完結型の実践テキストです。

テーマを最小限に厳選!
少しでも早く、何度も回そう!!

7 選挙制度

1項目の目標暗記時間を5分に設定。これ以上時間をかけずに次へ進もう!

必ず出る!基礎知識 目標5分で覚えよう

必須知識を2〜3行の箇条書き方式で!

1 選挙区制・代表制

①小選挙区制は、1つの選挙区から1人の当選者を選出する制度。二大政党制を促進し、政局を安定させる。しかし、死票が多くなり、得票率と議席率の間に大差が出る。

②比例代表制は、得票数に比例した数の代表を出す制度。得票率と議席率との一致率が最も高い。しかし、小党分立となりやすく、政局の不安定を招く。

2 衆議院議員選挙

③衆議院は、小選挙区選挙と比例代表選挙を同時に行う(小選挙区比例代表並立制)。比例代表選挙は、拘束名簿式。

④政党等の所属者は、重複立候補ができ、小選挙区選挙で落選しても、供託物没収点(有効投票数の1/10以上の得票)があれば、比例代表選挙で復活当選する可能性がある。

⑤比例代表選出議員は所属政党を離党し、その選挙の他の名簿届出政党に移ると、失職する。参議院議員も同じ。

3 参議院議員選挙

⑥参議院は、原則として、都道府県ごとの選挙区選挙と全国を選挙区とする比例代表選挙を行う(選挙区比例代表並立制)。

⑦参議院の比例代表選挙は、非拘束名簿式。政党は、順位をつけずに候補者名簿を作成し、有権者は、政党名または個人名を書いて投票する。

4 選挙運動

⑧選挙運動ができるのは、選挙期日の前日までである。

小項目主義!
頭の整理に役立つ
暗記シートで消せる!

基礎知識の暗記なくして合格はあり得ません。左ページをサッと読んだら、すぐに右ページの○×問題に取り組んでください。この繰り返しがあなたを合格に導きます。

学習日とそのときの正答数・解答時間が4回分書き込める！

目標解答時間は2分！最初は左ページと見比べるだけでも効果があるよ！

選挙制度

学 習 日	月　日	月　日	月　日	月　日
正 答 数	／5	／5	／5	／5
解 答 時 間	分	分	分	分

● 出た過去問！出る予想問！ **目標2分で答えよう** ●

対応する左ページの要点番号を明示

過去問を選択肢単位に分解し、覚えやすい○×問題に！

□□□ 一般に小選挙区制は、政治が安定しやすいという長所がある反面、小政党の議席獲得が難しく、死票が多いという問題点が指摘されている。[H21-47-ア]
☞①答○

□□□ 衆議院議員選挙では、小選挙区比例代表並立制がとられ、重複立候補が認められているが、小選挙区での得票順位と当落が逆転するなどの問題点があったため、重複立候補の場合の比例区での当選の要件を厳しくした。[H21-47-ウ]
☞③④答○

□□□ 比例代表により選出された衆議院議員は、所属する政党を離党し、当該選挙における他の衆議院名簿届出政党に所属した時でも、失職しない。[H27-48-3]
☞⑤答×

□□□ 参議院議員選挙では、都道府県を単位とする選挙区選挙と比例代表選挙がとられており、比例代表選挙では各政党の得票数によって議席数を決め、各政党が作成した名簿上の順位によって当選者を決めることとされている。[H21-47-エ]
☞⑥⑦答×

□□□ 候補者が、選挙運動用のホームページに掲載された文書を選挙期日当日に更新することは、可能である。[H26-55-2]
☞⑧答×

ベースにした過去問の出題年度と問題番号を明示

×の問題には誤りの箇所にアンダーライン！

・15・

はしがき

この本の使い方

第1編　一般知識

第2編　行政書士法等諸法令

第3編　情報通信・個人情報保護

第1編

一般知識

1 政治思想

1 国家観の変遷

① 19 世紀ごろの政府の機能は、<u>財産権</u>を重視した<u>自由放任主義思想</u>に基づき、治安維持や国防など必要最小限の行為に限定された。こうした政府を<u>夜警国家</u>と呼ぶ。

② 20 世紀になると、社会的・経済的弱者の保護が求められるようになった。国家による国民生活への積極的介入が求められる政府を<u>福祉国家・積極国家</u>という。

③ 福祉国家化により、政治の中心が<u>立法府</u>から<u>行政府</u>へ移行することとなった。

2 社会契約説

④ 社会契約説では、秩序のない<u>自然状態</u>を想定し、人民が自然権確保のために、相互に<u>社会契約</u>を結び、その結果として国家が設立されるという理論構成をとる。

⑤ イギリスの哲学者ホッブズは、自然状態では「万人の万人に対する闘争」が生じるため、人間は、自己保存のため、互いに契約して国家を形成し、国家に対する<u>抵抗権</u>を否定した。主著は、『<u>リヴァイアサン</u>』。

⑥ イギリスの政治思想家ロックは、<u>自然権</u>を保護するため人々は契約を結び国家をつくると考えた。そして、政府が自然権を守らないとき、人民は<u>抵抗権</u>をもつとし、イギリス名誉革命を擁護した。主著は、『<u>市民政府二論</u>』。

⑦ フランスの啓蒙思想家ルソーは、人間が真に自由であるために、社会契約により、全人民を主権者とする国家を形成することを説き(<u>人民主権論</u>)、フランス革命に影響を与えた。主著は、『<u>社会契約論</u>』。

学習日	月　日	月　日	月　日	月　日
正答数	／5	／5	／5	／5
解答時間	分	分	分	分

出た過去問！出る予想問！ 目標2分で答えよう

❏❏❏ 福祉国家とは個人の財産権の保護を重視した国家体制のことであり、近代自由主義国家を特徴づける言葉として用いられる。[予想問]　☞①②答×

❏❏❏ 社会契約説では、人民の契約によって社会が成立するという王権神授説の概念を否定し、自然状態に基づく統治を理想としている。[予想問]☞④答×

❏❏❏ イギリスの哲学者ホッブズは、『リヴァイアサン』において、人間は自然状態では「万人の万人に対する闘争」が生じるため、絶対権力者の存在を認めなければならないとし、社会契約説を否定した。[H20-47-2]　☞⑤答×

❏❏❏ イギリスの政治思想家ロックは、『市民政府二論』において、自然権を保障するため人々は契約を結び国家をつくると考え、政府が自然権を守らないとき人民は抵抗権をもつとし、イギリス名誉革命を擁護した。[H20-47-3]　☞⑥答○

❏❏❏ フランスの啓蒙思想家ルソーは、『社会契約論』において、人間が社会契約によって国家をつくってからも、真に自由で平等であるためには、全体の利益をめざす全人民の一般意思による統治を主張し、フランス革命に影響を与えた。[H20-47-4]

☞⑦答○

2 人権宣言

1 各国の人権宣言と世界の人権宣言

①イギリスでは、1689年に議会がまとめた「権利の宣言」を国王が受け入れ（名誉革命）、議会は、この宣言を「権利の章典」として制定した。

②アメリカでは、1776年のバージニア権利章典や独立宣言において、国民には天賦不可侵の人権があることを認め、政府の目的はこの人権を守ることだとして、人民には抵抗権が留保されているとした。

③1789年に発表されたフランス人権宣言は、アメリカ独立宣言やルソーの社会契約説の影響を受け、フランス革命を背景に宣言された。

④1789年のフランスの人権宣言は、すべての人間の自由・平等、主権在民、言論の自由、私有財産の不可侵など、近代市民社会の原理を主張した。

⑤ドイツでは、1919年に世界で初めて社会権を規定したワイマール憲法を制定し、ワイマール共和国とよばれた。ワイマール憲法では、所有権の限界や生存権、社会保障制度などを保障しており、人権カタログともいわれる。

⑥ボン基本法は、1949年に旧西ドイツで制定され、東西ドイツ統一までの基本法として制定されたものである。

⑦世界人権宣言は、人権を総体的にまとめた人権保障の国際標準であるが、条約ではないため、拘束力がない。

⑧国際人権規約は、世界人権宣言の内容に拘束力を持たせるのが目的。A規約（社会権規約）・B規約（自由権規約）・選択議定書・第二選択議定書（死刑廃止条約）からなる。

学 習 日	月　日	月　日	月　日	月　日
正 答 数	／5	／5	／5	／5
解答時間	分	分	分	分

● 出た過去問！ 出る予想問！ **目標 2 分で答えよう** ●

❑❑❑ イギリスでは、1689 年に、議会がまとめた「権利の宣言」を国王が受け入れる名誉革命がなされた。議会は同年に、この宣言を「イングランド人権宣言」として制定した。[H24-49-1]　　☞①答✕

❑❑❑ アメリカでは、1776 年のバージニア権利章典で、国民権としての人権を保障することを宣言し、国民には抵抗権があることを否定した。[予想問]
　　☞②答✕

❑❑❑ フランスでは、1789 年に国民会議で人権宣言が採択された。この宣言は、すべての人間の自由・平等、主権在民、言論の自由、生産手段の国有化など、近代市民社会の原理を主張するものであった。[H24-49-3]　　☞④答✕

❑❑❑ ドイツでは、1919 年にボンで開かれた国民議会で、民主的な憲法であるボン基本法が制定された。1933 年のナチス党のヒトラーの政権掌握までの共和国は、ボン共和国と呼ばれる。[H24-49-5]
　　☞⑤⑥答✕

❑❑❑ 世界人権宣言の内容に拘束力をもたせることを目的として採択された国際人権規約は、社会権的内容のＡ規約、自由権的内容のＢ規約、選択議定書、第二選択議定書（死刑廃止条約）から構成される。[予想問]　　☞⑦⑧答○

■1 昭和期の政治

① 1951 年、**吉田茂内閣**は、西側諸国との間で<u>サンフランシスコ講和条約</u>を締結、同時に<u>日米安保条約</u>も締結した。

② 1956 年、**鳩山一郎内閣**は、<u>日ソ共同宣言</u>に調印し、同年に<u>国際連合</u>への加盟も果たした。

③ 1960 年、**岸信介首相**は、<u>日米安保条約</u>の不平等性の改正を目指し、安保反対運動の中で承認させた。

④ 1960 年、**池田勇人首相**は、<u>所得倍増計画</u>を発表した。

⑤**佐藤栄作内閣**は、1965 年に<u>日韓基本条約</u>を締結し、1972 年には<u>沖縄返還</u>を果たすなど外交に尽力した。佐藤首相は、退任後に<u>ノーベル平和賞</u>を受賞している。

⑥ 1972 年、**田中角栄首相**は、<u>日中共同声明</u>により中国との国交正常化を果たした。また、国内では<u>日本列島改造</u>を掲げて地方活性化を図った。

⑦**三木武夫首相**は、<u>ロッキード疑惑</u>の究明を掲げたが、自民党内の分裂を招き、衆議院議員選挙で敗北した。

⑧ 1978 年、**福田赳夫内閣**は、<u>日中平和友好条約</u>を締結した。

⑨**大平正芳内閣**は、1979 年の<u>東京サミット</u>を成功させた。

⑩**鈴木善幸首相**は、「<u>小さな政府</u>」の実現を目指し、財政支出の削減に取り組んだ。

⑪**中曽根康弘内閣**は、「<u>戦後政治の総決算</u>」を掲げ、世論に訴えて政策を進めるトップダウン型の政治を実現した。

⑫ 1988 年、**竹下登首相**は、税率３％の<u>消費税導入</u>を軸とする税制改革を進めたが、<u>リクルート疑惑</u>で退陣。後継の**宇野宗佑内閣**も参議院選挙の与党大敗により退陣した。

学 習 日	月	日	月	日	月	日	月	日
正 答 数		/5		/5		/5		/5
解答時間		分		分		分		分

● 出た過去問！ 出る予想問！ **目標 2 分で答えよう** ●

□□□ 1951 年に日本は、吉田茂首相のもと、いわゆる西側諸国と<u>ポーツマス条約</u>を締結して独立を回復した。同年に、日米間では日米安全保障条約を締結し、その後、1960 年にはその改定がなされた。
[H25-48-1]　　　　☞①③**答**×

□□□ 1956 年に日本は、鳩山一郎首相のソ連訪問において、<u>日ソ不可侵平和条約</u>を締結した。これを契機として、東欧諸国との国交が順次結ばれ、同年に国際連合への加盟を果たした。[H25-48-2]　☞②**答**×

□□□ 1972 年に日本は、田中角栄首相が中華人民共和国を訪問した際に、日中共同声明によって、中華人民共和国との国交を正常化した。その後、1978 年に日中平和友好条約を締結した。[H25-48-5]
　　　　☞⑥⑧**答**○

□□□ 「小さな政府」の実現を目指した<u>鈴木善幸首相</u>は、1979 年に日本で最初のサミットである<u>東京サミット</u>を成功させた。[予想問]　　☞⑨⑩**答**×

□□□ 消費税導入を実現した竹下登内閣は、おりからのリクルート事件の疑惑のなかで退陣した。これを受け継いだ宇野宗佑内閣も、参議院選挙での与党大敗を受けて退陣することとなった。[H24-48-5]
　　　　☞⑫**答**○

4 政治史⑵

1 平成期の政治

①宮澤喜一内閣では、野党が提出した内閣不信任案が可決され、衆議院議員総選挙で敗北し、55年体制が終結した。

②7党1会派による連立政権である細川護熙内閣では、小選挙区比例代表並立制の導入など政治改革を進めた。

③1995年に阪神淡路大震災や地下鉄サリン事件が発生し、村山富市内閣は危機管理能力が問われた。

④橋本龍太郎内閣では、消費税を5%に増税した。

⑤小渕恵三内閣では、情報公開法や地方分権一括法の成立を果たした。

⑥森喜朗内閣では、2001年に1府22省庁から1府12省庁への省庁再編を実施した。

⑦北朝鮮への電撃訪問などサプライズ政治といわれた小泉純一郎内閣は、有事関連3法・イラク復興支援特措法・郵政民営化法・行政改革推進法などを成立させた。

⑧2006年に発足した第一次安倍晋三内閣では、憲法改正に関する国民投票法を成立させた。

⑨麻生太郎内閣により衆議院解散が行われ、自民党は議席を大幅に失い、民主党の鳩山由紀夫内閣が誕生した。

⑩東日本大震災に対応した菅直人内閣を引き継いだ野田佳彦首相は、税と社会保障の一体改革を実現させた。

⑪2012年に発足した第二次安倍内閣は、憲政史上最長の7年8か月の長期政権となり、消費税10%への増税やアベノミクスの推進を図った。

⑫菅義偉内閣では、内閣にデジタル庁を設置した。

学 習 日	月 日	月 日	月 日	月 日
正 答 数	／6	／6	／6	／6
解答時間	分	分	分	分

● 出た過去問！ 出る予想問！ **目標 2 分で答えよう** ●

❑❑❑ 宮澤内閣では、<u>小選挙区比例代表並立制の導入</u>など政治改革が進められたが、野党が提出した内閣不信任案が可決され、衆議院議員総選挙で敗北し55 年体制が終結した。［予想問］ ☞①②答×

❑❑❑ 1994 年には、片山哲内閣以来となる社会党委員長を首相とする村山富市内閣が発足し安定した支持率を維持していたが、阪神淡路大震災への対応の遅れから危機管理能力が問われることとなった。［予想問］ ☞③答○

❑❑❑ 橋本内閣では、不良債権処理に積極的に取り組む一方で、消費税を5％に増税し財政安定化を目指した。［予想問］ ☞④答○

❑❑❑ <u>小泉内閣</u>では、高い支持率を背景に、憲法改正に関する<u>国民投票法を成立</u>させた。［予想問］ ☞⑦⑧答×

❑❑❑ 民主党政権の野田内閣では、税と社会保障の一体改革を実現させたが、<u>東日本大震災への対応</u>をめぐり野党が提出した<u>内閣不信任案が可決</u>された。［予想問］ ☞⑩答×

❑❑❑ 2021 年、菅内閣ではデジタル行政の司令塔として内閣にデジタル庁を設置した。［予想問］ ☞⑫答○

5 政治制度

1 権力の分立と議院内閣制

①**権力分立**の原理は、権力の集中を排除し、個人の自由を国家権力の濫用（らんよう）から守ることにある。

②フランスの啓蒙思想家モンテスキューは、自由と権力の均衡の重要性を説き、立法・執行・司法を異なる機関に担当させる三権分立制を提唱した。主著は、『法の精神』。

③議院内閣制は、行政府が**立法府の信任**に基づいて成立する制度である。

④議院内閣制の母国であるイギリスには、成文の憲法典はない。議院内閣制も、憲法習律として成立している。

⑤イギリスでは、憲法習律上、内閣を構成する閣僚は、全て国会議員でなければならない。首相は下院の多数派の党首が就任する。下院に内閣不信任決議権がある。

⑥**大統領制**は、行政を担う大統領が議会とは無関係に選出され、行政府と立法府の役割が厳格に分離されている制度である。

⑦大統領制を採用するアメリカでは、大統領は、議会に一般法案や予算法案を提出することはできないが、教書を送付して意見を述べる権限が認められている。

2 政治資金

⑧政党への公的助成である政党交付金の総額は、人口に250円を乗じた額を基準として予算で定める。

⑨政治資金規正法は、企業・団体について、政党・政党の支部・政治資金団体への献金だけを認めている。

学習日	月　日	月　日	月　日	月　日
正答数	／6	／6	／6	／6
解答時間	分	分	分	分

● 出た過去問！ 出る予想問！ 目標 **2** 分で答えよう ●

❑❑❑ 議院内閣制は、大統領制に比べて<u>厳格な権力分立</u>が実現されている。[予想問]　　☞③⑥答×

❑❑❑ 議院内閣制の母国とされるイギリスには、成文の憲法典が存在せず、議院内閣制も、憲法習律といわれる一種の慣行として成立しており、内閣を構成する閣僚についても、全員が議員でなければならないという習律が確立している。[H19-47-イ]　☞④⑤答○

❑❑❑ イギリスでは、議院内閣制がとられ、首相は下院の第一党の指導者が就任することとされているが、議会が<u>上院または下院</u>において不信任の議決を行った場合には、内閣は自ら辞職するか、議決を行った議院を解散しなければならない。[H23-47-ア]　　☞⑤答×

❑❑❑ アメリカでは、大統領制がとられ、議会は大統領の不信任を議決することができず、大統領は議会解散権や法案の提出権を有していない。[H23-47-イ改]　　☞⑦答○

❑❑❑ 政党への公的助成である政党交付金の総額は、人口に250円を乗じて得た額を基準として予算で定めることとされている。[H26-47-1]　☞⑧答○

❑❑❑ 政党への企業・団体献金は、政治腐敗防止のために<u>禁止されている</u>が、違法な政治献金が後を絶たない。[H26-47-4]　　☞⑨答×

6 マスメディアと利益集団

1 マスメディア

①マスメディアは、世論の形成に重大な影響を与えるため、立法・行政・司法に続く第4の権力と言われている。

②公的機関などを継続的に取材するジャーナリストが自主的に組織したのが、記者クラブである。

③記者クラブ制度には批判もあるが、国の官公庁では、現在も存続している。

2 選挙報道

④マスメディアの選挙報道によって、候補者の得票が増減することをアナウンス効果という。アナウンス効果には、バンドワゴン効果とアンダードッグ効果がある。

⑤バンドワゴン効果は、有利と報道された候補者が得票を伸ばすことをいう。逆に、不利と報道された候補者が得票を伸ばすのが、アンダードッグ効果である。

3 利益集団

⑥利益集団（圧力団体）とは、政府や政党などに圧力をかけ、政策決定に影響を与え、固有の利益を追求しようとする団体。日本経団連・日本医師会・農協などが代表例。

⑦19世紀の利益集団は、立法府や選挙に関心が高かったが、20世紀になると、行政府への働きかけが集中した。

⑧利益集団では、所属社会の諸要求を政治の場に発信する利益表出機能が中心的機能といわれる。

⑨利益集団は、利己的な特殊利益の追求に走り、議会政治をゆがめる傾向をもつ。

⑩利益集団が世論を形成することもある。

学習日	月	日	月	日	月	日	月	日
正答数		/5		/5		/5		/5
解答時間		分		分		分		分

● 出た過去問！出る予想問！ **目標 2 分で答えよう** ●

❑❑❑ マスメディアは、ニュース報道や評論を通じて世論の形成に重大な影響を与えることから、立法・行政・司法に続く「第4の権力」と言われている。
[H22-47- ア]　　　　　　　　　　☞①答○

❑❑❑ 日本の官公庁や政党では、取材や情報提供が円滑に行われるように会員制の記者クラブ制度がとられていたが、報道の画一化や官公庁への無批判な報道につながることから、現在では国の官公庁においては廃止されている。[H22-47- オ]　☞②③答×

❑❑❑ 小選挙区制度では、選挙期間中にマスメディアが不利と報道した候補者については、その潜在的な支持者が積極的に投票に行くようになり、得票を大きく伸ばす現象が見られるが、これは「バンドワゴン効果」と呼ばれる。[H22-47- エ]　☞⑤答×

❑❑❑ 利益集団は、特定の利益の増進のため、政党や政府・各省庁に働きかけ、政治的決定に影響力を及ぼそうとする団体である。[H25-47-1]　　☞⑥答○

❑❑❑ 世論は、常に正しいとは言えないが、世論を政治に反映させることは民主政治の基本である。世論は、大衆運動、マスメディアなどで示されるが、利益集団の活動によっては示されない。[H25-47-2]
☞⑩答×

必ず出る！
基礎知識 **目標 5 分で覚えよう**

1 選挙区制・代表制

①<u>小選挙区制</u>は、1つの選挙区から1人の当選者を選出する制度。二大政党制を促進し、政局を安定させる。しかし、**死票**が多くなり、得票率と議席率の間に大差が出る。

②<u>比例代表制</u>は、得票数に**比例した数**の代表を出す制度。得票率と議席率との一致率が最も高い。しかし、小党分立となりやすく、政局の**不安定**を招く。

2 衆議院議員選挙

③衆議院は、**小選挙区選挙**と**比例代表選挙**を同時に行う（<u>小選挙区比例代表並立制</u>）。比例代表選挙は、拘束名簿式。

④政党等の所属者は、<u>重複立候補</u>ができ、小選挙区選挙で落選しても、供託物没収点（有効投票数の 1/10）以上の得票があれば、比例代表選挙で<u>復活当選</u>する可能性がある。

⑤<u>比例代表選出議員</u>は、所属政党を離党し、その選挙の他の名簿届出政党に移ると、<u>失職</u>する。参議院議員も同じ。

3 参議院議員選挙

⑥参議院は、原則として、都道府県ごとの<u>選挙区選挙</u>と全国を選挙区とする<u>比例代表選挙</u>を行う（<u>選挙区比例代表並立制</u>）。

⑦参議院の比例代表選挙は、<u>非拘束名簿式</u>である。政党は、順位をつけずに候補者名簿を作成し、有権者は、<u>政党名</u>または<u>個人名</u>を書いて投票する。

4 選挙運動

⑧選挙運動ができるのは、選挙期日の<u>前日</u>までである。

学習日	月　日	月　日	月　日	月　日
正答数	／5	／5	／5	／5
解答時間	分	分	分	分

● 出た過去問！ 出る予想問！ **目標 2 分で答えよう** ●

❏❏❏ 一般に小選挙区制は、政治が安定しやすいという
長所がある反面、小政党の議席獲得が難しく、死
票が多いという問題点が指摘されている。[H21-47-
ア] ☞①答○

❏❏❏ 衆議院議員選挙では、小選挙区比例代表並立制が
とられ、重複立候補が認められているが、小選挙
区での得票順位と当落が逆転するなどの問題点が
あったため、重複立候補の場合の比例区での当選
の要件を厳しくした。[H21-47- ウ] ☞③④答○

❏❏❏ 比例代表により選出された衆議院議員は、所属す
る政党を離党し、当該選挙における他の衆議院名
簿届出政党に所属した時でも、失職しない。[H27-
48-3] ☞⑤答 ×

❏❏❏ 参議院議員選挙では、都道府県を単位とする選挙
区選挙と比例代表選挙がとられており、比例代
表選挙では各政党の得票数によって議席数を決め、
各政党が作成した名簿上の順位によって当選者を
決めることとされている。[H21-47- エ] ☞⑥⑦答 ×

❏❏❏ 候補者が、選挙運動用のホームページに掲載され
た文書を選挙期日当日に更新することは、可能で
ある。[H26-55-2] ☞⑧答 ×

8 国会の運営と行政組織

1 国会の運営

①国会に提出される法案は、**議員提出法案**が増加傾向にあるものの、依然として<u>内閣提出法案</u>が主流。成立率も、内閣提出法案の方が高い。

②国会審議の活性化及び政治主導の政策決定システムの確立に関する法律により、衆参両議院に、<u>国家基本政策委員会</u>が、常任委員会として設置された。また、官僚が大臣の代わりに答弁する<u>政府委員制度</u>は、廃止された。

③国家基本政策委員会はイギリス議会を参考に導入され、内閣総理大臣と野党党首との<u>党首討論</u>の場になっている。

2 行政組織

④ 2001 年、自治省・総務庁・郵政省を<u>総務省</u>に統合などの省庁再編により、中央官庁は 1 府 12 省庁となった。

⑤環境庁を<u>環境省</u>に移行したのは 2001 年だが、防衛庁を<u>防衛省</u>に移行したのは 2007 年である。

⑥<u>内閣府</u>は、内閣に置かれた行政機関。長は、<u>内閣総理大臣</u>。金融庁や**消費者庁**などの外局が置かれている。

⑦人事院や公正取引委員会などの<u>行政委員会</u>は、特定の行政分野について内閣から独立して職権を行使できる。ただし、人事権と予算権は、**内閣**にある。

⑧**不動産鑑定士**に関する事務は<u>国土交通省</u>が、また、**獣医師**に関する事務は<u>農林水産省</u>がつかさどる。

⑨<u>デジタル庁</u>は、**内閣総理大臣**を主任の大臣として、**内閣**に設置された。

学習日	月　日	月　日	月　日	月　日
正答数	／6	／6	／6	／6
解答時間	分	分	分	分

国会の運営と行政組織

● 出た過去問！出る予想問！ 目標 ②分で答えよう ●

❑❑❑ 国会における立法については、これまで官僚が法案を作成し、内閣提出法案として提出されることが多かったが、1990年代からは議員提出法案が増加傾向にあり、特に法案成立率では例年、<u>内閣提出法案を上回</u>っている。[H24-47-2]　☞①答×

❑❑❑ 日本の国会では、国会審議の活性化を図るために、イギリス議会にならって、首相と野党の党首が論戦を展開する党首討論の制度を導入することとし、<u>衆参両院合同の特別委員会である国家基本政策委員会</u>で行う方式をとっている。[H19-47-エ]　☞②③答×

❑❑❑ <u>農林水産省に消費者庁が置かれた</u>。[H28-49-オ]　☞⑥答×

❑❑❑ 行政委員会は、所轄の行政機関の指揮監督から独立した合議制の機関であり、<u>予算や人事についても内閣等から独立して自ら決定することができる</u>。[H22-48-イ]　☞⑦答×

❑❑❑ <u>財務省</u>は、不動産鑑定士に関する事務をつかさどる。[H30-48-ア]　☞⑧答×

❑❑❑ デジタル庁は、<u>総務省の外局として設置されている</u>。[予想問]　☞⑨答×

・17・

9 行政改革

1 行政改革の手法

① NPM（新公共管理論）は、**民間企業の管理手法を応用した**行政活動の管理手法。市場原理や自由競争を重視しており、政府の役割を拡大させるケインズ主義とは相容れない。

② PFI は、公共施設等の建設や運営に**民間の資金やノウハウ**を活用する手法である。日本にも導入され、公共施設の整備等に活用されている。

③ 市場化テストは、官民が対等の立場で競争入札に参加し、**価格・質の両面で最も優れた者**がサービスを担う制度。日本にも導入されている。

2 日本の行政改革

④ **鈴木内閣**が設置した第2次臨時行政調査会は、5次にわたる答申を行った。

⑤ **中曽根内閣**は、戦後政治の総決算を唱え、行政改革、教育改革を推進し、**電電公社**を NTT に、**専売公社**を JT に、**国鉄**を JR に民営化した。

⑥ 第2次臨時行政調査会の後、3次にわたる臨時行政改革推進審議会が設置され、最終答申で「官から民へ」「国から地方へ」の改革課題が集約された。

⑦ **橋本内閣**が設置した行政改革会議は、中央省庁等改革に取り組み、政策立案機能と実施機能を分離し、各部門の役割と責任を明確にする必要があるとした。そして、「公共性の空間」は中央の官の独占物ではないとする基本理念に立って最終報告を取りまとめた。

学 習 日	月 日	月 日	月 日	月 日
正 答 数	/5	/5	/5	/5
解答時間	分	分	分	分

● 出た過去問！出る予想問！ 目標 2 分で答えよう ●

❏❏❏ NPM (New Public Management) は、ケインズ主義を理論的基礎として、1980 年代にイギリスのサッチャー政権において採用され、これに基づいて公的部門の見直しが行われた。[H21-48- ア]

☞①答×

❏❏❏ PFI (Private Finance Initiative) は、公共施設等の建設や運営に民間の資金やノウハウを活用する手法であり、日本でもこれを導入する法律が制定され、国や自治体で活用されている。[H21-48- ウ]

☞②答○

❏❏❏ 市場化テストは、民間企業と行政組織の間でサービスの質や効率性を競う入札を実施し、行政に勝る民間企業があれば、当該業務を民間企業に委託する制度であるが、日本ではまだ導入されていない。[H21-48- オ]

☞③答×

❏❏❏ 中曽根内閣のもとで設置された第2次臨時行政調査会は、「民間活力の活用」を進める観点から、旧国鉄、旧電電公社、旧郵政公社の民営化に取り組んだ。[H18-47- ア]

☞④⑤答×

❏❏❏ 中央省庁等改革に取り組んだ行政改革会議は、「公共性の空間」は中央の官の独占物ではないとする基本理念に立って最終報告を取りまとめた。[H18-47- エ]

☞⑦答○

10 地方自治

1 地方公共団体

① 1888 年に**市町村制**が制定され、市町村は地方公共団体として独立の法人格が認められた。

②全国的な規模で行われた市町村合併は、「明治の大合併」「昭和の大合併」「平成の大合併」の 3 回。「平成の大合併」では、約 3,200 あった市町村が約 1,700 まで減少した。

2 首長と議会

③地方自治体では、首長制（大統領制）を採用している。ただし、議会による首長の不信任議決など、議院内閣制の要素もある。

④首長も、議会が議決すべき事件について議案を提出できる。

⑤都道府県知事の被選挙権は 30 歳、市町村長の被選挙権は 25 歳、いずれも任期は 4 年となる。

⑥地方自治体の議会議員の被選挙権は 25 歳、任期は 4 年で、解散がある。

3 地方分権と住民投票

⑦地方分権一括法に基づく分権改革によって、機関委任事務制度は廃止された。

⑧地方自治体が処理する事務は、自治事務と法定受託事務である。

⑨地域が抱える重要問題を住民自らが決定するために、条例に基づき、住民投票が実施されている。しかし、住民投票法はまだ制定されていない。

学 習 日	月 　 日	月 　 日	月 　 日	月 　 日
正 答 数	／4	／4	／4	／4
解答時間	分	分	分	分

● 出た過去問！ 出る予想問！ 　目標 **2** 分で答えよう ●

❑❑❑ 地方自治体では、首長制を採用しているが、議会による首長の不信任議決等の制度を認めているため、議院内閣制の要素も含まれている。[H18-48- ア]
☞③圀〇

❑❑❑ 自治体では一種の大統領制がとられ、原則として首長が予算案以外の議案を議会に提出できないことから、首長が事務執行等のため条例制定などを必要とする場合は、便宜上与党の議員を通じて提案している。[H24-47-5] ☞④圀✕

❑❑❑ 第二次世界大戦後の自治体は、住民から直接公選される首長・議会を有しているが、首長その他の執行機関が国の指揮監督のもとに国の機関として行う機関委任事務があった。しかし、機関委任事務制度は地方自治法の改正により廃止された。[H23-48-4] ☞⑦圀〇

❑❑❑ 1990 年代後半以降、市町村合併や公共事業などについて、住民が自ら投票によって意思を表明する住民投票が、条例に基づいて行われた。こうした流れを受けて、条例なしでも住民投票が行えるように、住民投票法が制定された。[H23-48-5]
☞⑨圀✕

11 日本経済のあゆみ

1 戦___前___

① 1929 年、ニューヨークのウォール街での株価大暴落に端を発した世界恐慌の中、旧平価での金輸出解禁を断行した日本は、深刻な恐慌状態に陥った（昭和恐慌）。

2 戦___後___

② 第二次世界大戦直後の通貨増発により、ハイパー・インフレが起こり、その後の復興金融公庫による巨額融資はインフレを増進させた（復金インフレ）。インフレは、ドッジ・ラインの実施により収束したが、通貨供給量の減少などにより深刻な不況に陥った（安定恐慌）。

③ 1950 年、朝鮮戦争の特需により、日本の鉱工業生産は、第二次世界大戦前の水準まで回復した（特需景気）。

④ 1950 年代から 1970 年代まで続いた高度経済成長期には、神武景気・岩戸景気・オリンピック景気・いざなぎ景気といわれる景気の山がみられる。

⑤ 1973 年、為替相場は、固定相場制から変動相場制に移行。

⑥ 1973 年以降、田中角栄内閣の列島改造政策による土地の騰貴に、第一次石油危機による原油価格の暴騰が加わって、激しいインフレが発生した（狂乱物価）。

⑦ 1985 年のプラザ合意後の日銀の超低金利政策の下で余った資金が、土地や株式の購入に向かい、それらの資産価値が投機的に上昇した（バブル経済）。

⑧ バブル崩壊後の 1997 年、消費税の引上げに、アジア諸国の通貨・金融危機（バーツ危機）が重なり、深刻な不況に突入した。

学 習 日	月	日	月	日	月	日	月	日
正 答 数	/5		/5		/5		/5	
解答時間	分		分		分		分	

出た過去問！ 出る予想問！ 目標 2 分で答えよう

❑❑❑ 第一次世界大戦と第二次世界大戦の戦間期に<u>ロンドンのシティ</u>で始まった世界恐慌のなかで、政府は旧平価での金輸出解禁を断行したところ、日本経済は<u>金融恐慌</u>と呼ばれる深刻な恐慌状態に陥った。[H24-50-1] ☞①答×

❑❑❑ ドッジラインにより、景気回復に向けて<u>国債発行を通じた積極的な公共事業が各地で実施される</u>とともに、賃金・物価統制を通じて、インフレの収束が図られた。[H28-51-2] ☞②答×

❑❑❑ 1950 年代からの高度経済成長期には、<u>特需景気、神武景気、オリンピック景気、いざなぎ景気</u>と呼ばれる景気の山がみられた。[予想問] ☞③④答×

❑❑❑ 1980 年代後半から、低金利によって余った資金が土地や株式などに投資され、地価や株価などの資産価格を高騰させて、いわゆる「<u>リフレ経済</u>」を招いた。[H25-49-4] ☞⑦答×

❑❑❑ 消費税が５％に引き上げられた後、その年の夏以降には<u>リーマン・ショックと呼ばれる世界経済危機</u>が発生し、日本経済は深刻な不況となった。大手金融機関の経営破綻が生じ、公的資金投入による金融機関救済が進められた。[H24-50-5] ☞⑧答×

1 資　　源

①日本の木材自給率は約 40 ％で、近年は上昇傾向にある。

②天然ガスや鉄鉱石は輸入に頼っているが、石灰石については国産でまかなっている。

2 産　　業

③生産要素とは、財・サービスの生産に用いられる資源をいい、一般に資本・労働・土地を指す。

④国内総生産（GDP）とは、一定期間に一国で産み出された付加価値の合計額をいう。

⑤日本は、穀物のうち、米については、ほぼ自給できる。しかし、小麦と大豆の自給率は、極めて低い。

⑥非公開会社である株式会社は、農地所有適格法人になれる。農地所有適格法人以外の法人も、農地の借用はできる。

⑦サービス産業のうち、情報通信業の労働生産性は高い。しかし、卸売・小売業、飲食店、宿泊業の労働生産性は低い。

3 中小企業

⑧中小企業基本法の中小企業とは、業種分類ごとに資本金または従業員数が一定規模以下の企業をいい、企業の約 99 ％を占める。

⑨中小企業は、大企業に比べて資本装備率（機械化の比率）が低いため、生産性が、大企業よりも低い。

学習日	月　日	月　日	月　日	月　日
正答数	／6	／6	／6	／6
解答時間	分	分	分	分

● 出た過去問！ 出る予想問！ **目標 2 分で答えよう** ●

❑❑❑ 日本は木材の多くを輸入に依存しており、木材自給率は年々低下する傾向にある。[R4-52 オ]
☞ ① 答✕

❑❑❑ 天然ガスや鉄鉱石など、国内の豊富な天然資源を活かした工業生産が盛んであり、さらなる資源の獲得に向けて、東シナ海などで埋蔵資源の発掘が進められている。[H25-53-1]
☞ ② 答✕

❑❑❑ 生産要素とは、財・サービスの生産に用いられる資源をいい、具体的には土地・資本・情報の三つを指すが、日本の経済成長に最も寄与しているのは情報である。[H27-50-2]
☞ ③ 答✕

❑❑❑ 耕作する自然人以外の主体が農地を所有・借用することは認められていなかったが、法人が農業を行う場合には、農地の借用のみはできることとなった。[H29-49- イ]
☞ ⑥ 答✕

❑❑❑ サービス産業の労働生産性は、業種によって大きなばらつきがみられ、中小企業や個人事業主が多い卸売・小売業、飲食店、宿泊業では相対的に低い水準となっている。[H25-53-3]
☞ ⑦ 答〇

❑❑❑ 中小企業基本法において、中小企業とは、資本金、従業員数、売上高の三つが一定規模以下の企業と規定されている。[H22-51- イ]
☞ ⑧ 答✕

13 貿易の自由化(1)

1 GATT（関税と貿易に関する一般協定）

① GATT の基本原則は、無差別待遇の確保、相互主義による関税引下げ、関税以外の輸入制限の原則禁止である。

② ラウンドと呼ばれる多角的貿易交渉により、貿易の自由化を図ってきた。

③ ウルグアイラウンドでは、輸入数量制限などの非関税障壁が撤廃され、農産物も原則として関税化された。また、サービス分野や知的財産権も交渉対象となった。

2 WTO（世界貿易機関）

④ 1995 年、GATT が発展的解消をすることによって、WTO が設立された。

⑤ WTO は、加盟国間の貿易交渉・貿易をめぐる紛争処理・各国の貿易政策の審査といった役割を担う。

⑥ WTO は、加盟国全てを対象とした貿易に関する国際機関。二国間主義は掲げていない。

⑦ WTO は、物品貿易だけでなく、サービス貿易や知的財産権も、規制対象としている。

⑧ ドーハ・ラウンドでは、農業分野について、関税の上限設定とミニマム・アクセス（最低輸入義務）の設定が打ち出された。

⑨ WTO は、セーフガード（緊急輸入制限措置）を認めている。

⑩ WTO は、紛争解決について、ネガティブ・コンセンサス方式を採用。全会一致で反対しない限り、パネル報告書が採択される。

学 習 日	月　　日	月　　日	月　　日	月　　日
正 答 数	／5	／5	／5	／5
解答時間	分	分	分	分

出た過去問！ 出る予想問！　目標 2 分で答えよう

❑❑❑ GATT（関税と貿易に関する一般協定）は、自由、無差別、互恵・多角を原則とし、多国間での貿易交渉を基準としつつ、輸入数量制限の撤廃や、関税引き下げなどの貿易自由化を推進してきた。[H23-50-イ]　☞①②答○

❑❑❑ GATT ウルグアイラウンドでは、交渉対象が農業分野まで拡大されたが、サービス分野や知的財産権については、交渉対象として<u>取り上げられるまでに至らなかった</u>。[H18-50-2]　☞③答×

❑❑❑ WTO（世界貿易機関）は、加盟国間の貿易交渉に加えて、貿易をめぐる紛争処理や、各国の貿易政策の審査といった役割を担う機関である。[H18-50-3]　☞⑤答○

❑❑❑ WTO（世界貿易機関）は、貿易について<u>二国間主義</u>を掲げており、関税同盟などの地域経済統合についても認める立場をとっている。[H18-50-4]　☞⑥答×

❑❑❑ WTO（世界貿易機関）は、サービス貿易や知的財産権に関する国際ルールを定めており、ドーハ・ラウンドでは、農業分野での自由化について、関税の上限設定とミニマム・アクセス（最低輸入義務）の設定が打ち出された。[H23-50-オ] ☞⑦⑧答○

14 貿易の自由化(2)

必ず出る！基礎知識 目標 5 分で覚えよう

1 EU（欧州連合）

①シェンゲン条約は加盟国間の国境を検査なしで越えることを定めた条約である。EU 加盟国のうち、アイルランドは、シェンゲン条約に全面的な加盟をしていない。

②全ての EU 加盟国がユーロを導入しているわけではない。デンマークやスウェーデンなどは、導入していない。

③EU 加盟国間では、関税は課されない。

2 FTA・EPA・TPP

④FTA は自由貿易協定。これに対して、EPA は、貿易だけでなく人の移動や投資等も対象とする経済連携協定。

⑤2018 年に NAFTA（北米自由貿易協定）の再交渉が行われ、原産地比率を高めた新たな枠組みとして、USMCA（アメリカ・メキシコ・カナダ協定）が発効した。

⑥TPP（環太平洋経済連携協定）の発効により、音楽や小説などの著作権の保護期間が統一され、日本では、著作者の死後 50 年から 70 年に延長された。

⑦TPP 協定交渉で、日本は農産品重要 5 項目の 594 品目について関税維持を主張したが、170 品目で関税が撤廃されることになった。TPP 協定の発効により、TPP 参加国に対する日本の関税撤廃率は 9 割以上となっている。

3 UNCTAD（国連貿易開発会議）

⑧UNCTAD は、発展途上国の経済開発の促進と先進国との間の経済格差の是正を目的とする国際連合の補助機関である。4 年に 1 回開催される。

⑨UNCTAD は、自由貿易を抑制する活動を行っている。

学 習 日	月　　日	月　　日	月　　日	月　　日
正 答 数	／5	／5	／5	／5
解答時間	分	分	分	分

出た過去問！ 出る予想問！ 目標2分で答えよう

❏❏❏ EU（欧州連合）域内では、シェンゲン条約により域内での国境通過にかかる手続などが大幅に簡素化され、また、共通通貨ユーロがすべての加盟国に導入されており、加盟国がEU域内で自国産業の保護を行う手段は、関税と補助金に限定されている。[H23-50-ア]　☞①②③答×

❏❏❏ NAFTAに代わる新しい枠組みとして発効したUSMCAでは、原産地比率の割合を高める新基準が採用された。[予想問]　☞⑤答○

❏❏❏ TPP協定により、音楽や小説などの著作権の保護期間が統一されることとなり、日本では著作権の保護期間が、これまでよりも延長されることとなる。[H28-50-イ]　☞⑥答○

❏❏❏ TPP協定により、日本が輸入する全品目の9割以上で、最終的に関税が撤廃されることとなる。[H28-50-エ]　☞⑦答○

❏❏❏ UNCTAD（国際連合貿易開発会議）は、途上国の経済開発促進と自由貿易推進のために国際連合が設けた会議で、国際連合の補助機関として、4年に1度開催されている。[H23-50-エ]　☞⑧⑨答×

15 市場の独占と消費者保護

1 企業結合と寡占市場

①同一産業の複数の企業が、競争を避けて高い利潤を確保するために、独立性を維持したまま、**価格や生産量**などについて協定を結ぶことを<u>カルテル（企業連合）</u>という。

②同一産業・業種の企業が独立性を失い、合同して市場を独占する形態を<u>トラスト</u>（企業合同）という。

③株式の取得などによって、複数の独立の企業を**統一的な指揮の下に**置くことを<u>コンツェルン</u>（企業連携）という。

④**少数の企業が**生産や販売の大部分を占めている市場を<u>寡占市場</u>という。

2 独占禁止法

⑤独占禁止法が禁止するのは、<u>私的独占</u>と<u>不当な取引制限</u>である。<u>持ち株会社</u>の設立は、解禁された。

⑥<u>カルテル</u>は、不当な取引制限に当たるから許されない。

⑦**合併**は、原則として自由である。ただし、競争を実質的に制限する場合は、<u>私的独占</u>に当たるから許されない。

⑧<u>公正取引委員会</u>は、違反行為を排除するために必要な措置（**行政処分**）ができる。

3 消費者保護

⑨地方公共団体の<u>消費生活センター</u>では、専門の相談員が消費生活全般に関する**苦情・問合せ**に対応している。

⑩独立行政法人である<u>国民生活センター</u>は、個別の消費者紛争の解決にも直接関与している。

⑪不当な表示による顧客の誘引防止のための<u>課徴金制度</u>には、顧客への自主返金による減額等の措置もある。

学習日	月　　日	月　　日	月　　日	月　　日
正答数	／5	／5	／5	／5
解答時間	分	分	分	分

● 出た過去問！ 出る予想問！ **目標 2 分で答えよう** ●

❏❏❏ カルテルとは、生産量や価格などについて、同一産業内の各企業が協定を結んで利潤率の低下を防ぐ行為をいい、独占禁止法では原則として禁止されていたが、企業の経営環境の悪化を背景として、<u>近年認められることとなった。</u>[H24-51- ウ]

☞①⑥答×

❏❏❏ 独占禁止法により、持ち株会社の設立は当初禁止されていたが、その後の法改正により、その設立は解禁された。[H24-51- エ]　　　　☞⑤答○

❏❏❏ 公正取引委員会は、独占禁止法に違反する行為について調査する役割を担うが、行政処分をなす権限は<u>与えられていない。</u>[H24-51- オ]　　☞⑧答×

❏❏❏ <u>全国規模の NPO 法人である国民生活センター</u>は、国民生活に関する情報の提供および調査研究を行うことはできるが、個別の消費者紛争の解決に<u>直接的に関与することはできない。</u>[H29-52- エ]

☞⑩答×

❏❏❏ 不当な表示による顧客の誘引を防止するため、不当な表示を行った事業者に対する課徴金制度が導入され、被害回復を促進するため、顧客への返金による課徴金額の減額等の措置も講じられている。
[H29-52- ア]　　　　　　　　　　☞⑪答○

16 日本銀行

1 日本銀行の役割

①**日本銀行**は、唯一の<u>発券銀行</u>である。日本銀行券は、<u>法定通貨</u>であり、<u>強制通用力</u>があるが、金とは交換できない（<u>不換銀行券</u>）。

②金との交換が認められた紙幣のことを、<u>兌換紙幣</u>という。

③日本銀行は、<u>政府の銀行</u>として、政府への無担保貸付や国庫金の出納などを行う。地方自治体の公金は扱わない。

④日本銀行は、<u>銀行の銀行</u>として、市中銀行から預託を受け入れ、市中銀行に貸出しを行う。貸し出す際の金利を<u>基準割引率及び基準貸付利率</u>という。

2 日本銀行の金融政策

⑤近年、日本銀行は、消費者物価指数の上昇率を年率<u>2</u>％とする物価安定目標を掲げ、<u>金融緩和</u>を推進してきた。<u>マイナス金利政策</u>も導入した。

⑥金融機関が日本銀行に預けなければならない預金等の比率（<u>準備率</u>）を調整して、金融機関の<u>貸出資金量</u>を調節する（<u>預金準備率操作</u>）。

⑦市場で金融機関を相手に有価証券の売買を行い、市中の<u>通貨量</u>を調節する（<u>公開市場操作</u>）。

⑧金融機関が日本銀行に対して持っている当座預金（日銀当預）の残高を増やし、市場の資金総量を緩和する（<u>量的緩和政策</u>）。

3 為替介入

⑨日本銀行は、財務大臣の代理人として、<u>外国為替市場</u>への介入を行うこともある。

学習日	月	日	月	日	月	日	月	日
正答数		/5		/5		/5		/5
解答時間		分		分		分		分

● 出た過去問! 出る予想問! 目標 2 分で答えよう ●

❏❏❏ 日本銀行は「発券銀行」として、日本銀行券を発行する。日本銀行券は法定通貨であり、金と交換できない不換銀行券である。[H23-49-ウ] ☞①答○

❏❏❏ 日本銀行は「政府の銀行」として、国（中央政府）や<u>自治体（地方政府）の税金</u>などの公金の管理をする等、出納経理にかかわる事務をしている。
[H23-49-イ] ☞③答×

❏❏❏ 近年、日本銀行は、消費者物価指数の上昇率を年率2％とする物価安定目標を掲げ、金融緩和を推進してきた。[R5-51-1] ☞⑤答○

❏❏❏ 諸外国ではマイナス金利政策を導入する事例があるが、マイナス金利政策の導入は、預金残高縮小をもたらすことから、<u>日本では導入されていない</u>。
[R5-51-2] ☞⑤答×

❏❏❏ 日本銀行は「国内政策の銀行」として、公開市場操作、預金準備率操作などの金融政策を行う。しかし、「円売りドル買い」などの外国為替市場への介入は<u>行わない</u>。[H23-49-オ] ☞⑥⑦⑨答×

17 財 政 ⑴

必ず出る！基礎知識 目標 5 分で覚えよう

1 国民の公的負担

①国税と地方税を合わせた総額の**国民所得**に対する割合を<u>租税負担率</u>という。

②**租税負担**と社会保険料などの**社会保障負担**との国民所得に対する割合を<u>国民負担率</u>という。国民負担率は、公的負担の水準を示す指標とされている。

2 租税構造

③<u>消費税</u>は、景気の影響を比較的受けにくい安定的な税目とされている。

④法人税は法人の所得に対して課税する<u>所得課税</u>であり、中小法人とそれ以外で税率が異なる（2段階税率）。

⑤地方自治体が課税する法人事業税には、法人の<u>所得</u>や<u>収入</u>に応じる課税だけではなく、法人の<u>資本</u>や<u>付加価値</u>に応じて課税される<u>外形標準課税</u>も導入されている。

3 公債の発行

⑥財政法の規定によれば、国の歳出は、<u>公債</u>または**借入金**以外の歳入をもって財源としなければならない。ただし、**公共事業費**、出資金及び貸付金の財源については、<u>国会の議決</u>を経た金額の範囲内で、<u>公債（建設国債）</u>の発行または借入ができる。

⑦歳入不足が見込まれる場合、公共事業費以外の歳出に充てる資金の調達を目的に、**特例法**によって国債を発行することがある。これを<u>特例国債</u>または<u>赤字国債</u>と呼ぶ。

学 習 日	月　　日	月　　日	月　　日	月　　日
正 答 数	／6	／6	／6	／6
解答時間	分	分	分	分

● 出た過去問！ 出る予想問！ **目標 ② 分で答えよう** ●

❏❏❏ 国民経済全体における租税の負担水準を示す租税負担率は、<u>国家予算全体に占める国税収入の割合や、地方財政全体に占める地方税総収入の割合</u>で表示される。[H17-51-2]　　　☞①쯉×

❏❏❏ 国民負担率は、租税負担と社会保障負担とが国民所得に対して占める割合で示されており、国民の公的負担水準をマクロで表す指標となっている。[H17-51-1]　　　☞②쯉○

❏❏❏ 消費税は、税収が景気の影響を比較的受けにくい安定的な税目とされている。[H21-52-エ]　☞③쯉○

❏❏❏ 法人税は法人の所得に対して課税する所得課税であり、企業の所得水準に応じて税率が決まる<u>累進税率</u>が採用されている。[R5-50-ア]　☞④쯉×

❏❏❏ 地方自治体が課税する法人事業税には、法人の所得や収入に応じる課税だけではなく、法人の資本や付加価値に応じて課税される外形標準課税も導入されている。[R5-50-ウ]　　　☞⑤쯉○

❏❏❏ 財政法の規定では赤字国債の発行は認められていないが、特例法の制定により、政府は赤字国債の発行をしている。[H26-50-ア]　　　☞⑥⑦쯉○

18 財 政 (2)

1 財政投融資

① 財政投融資は、国の財政政策と一体となって機能するため、国の予算編成に合わせて、財政投融資計画が策定され、国会の議決を受ける。

② 郵便貯金・国民年金・厚生年金などを運用していた大蔵省資金運用部が廃止され、2001 年 4 月以降、郵便貯金などは、金融市場で自主運用されるようになった。

③ 2001 年 4 月以降の新たな原資調達方法として、財政投融資特別会計が設けられ、財投債を発行できる。

④ 財政投融資機関は、財投機関債を発行して金融市場から直接資金を調達でき、それで不足する場合に、財政投融資特別会計から融資を受けることになった。

2 プライマリーバランス

⑤ 借入金を除く税収などの歳入と、過去の借入に対する元利払いを除いた歳出の差を、プライマリーバランス（基礎的財政収支）という。

⑥ 近年のわが国の財政状況は、プライマリーバランスの赤字が続いている。

3 経済指標

⑦ フローとは、ある一定期間の経済量の大きさのこと。例として、GDP（国内総生産）や国民所得がある。

⑧ ストックとは、ある一時点で貯蔵される経済量のこと。例として、マネーサプライや国富がある。

⑨ GDP（国内総生産）とは、国内で 1 年間に新たに生産された財やサービスなどの付加価値の合計。

学習日	月	日	月	日	月	日	月	日
正答数		/5		/5		/5		/5
解答時間		分		分		分		分

出た過去問！ 出る予想問！ 目標 **2** 分で答えよう

❑❑❑ 財政投融資計画は、国の予算編成に合わせて策定 されるが、国会の議決を経る必要はない。[予想問]
☞①答×

❑❑❑ 国の財政投融資特別会計は、特殊法人等に貸し出 す資金を調達するために、財投機関債を発行して いる。[H18-49-3] ☞③答×

❑❑❑ 特殊法人等の財政投融資機関は、国の財政投融資 特別会計からの借入れにより必要な資金総額を調 達しなければならない。[H18-49-2] ☞④答×

❑❑❑ 国の予算のうち、利払いなどに充てる国債費を除 く歳出から、税収や税外収入を差し引いた収支を プライマリーバランスといい、消費税の引き上げ 後では、プライマリーバランスは黒字化に転じて いる。[予想問] ☞⑤⑥答×

❑❑❑ ストックとは、ある一定期間に貯蔵される経済量 のことであり、ストックの例としては、GDP や 国富がある。[予想問] ☞⑦⑧答×

19 地方財政

1 地方交付税・地方債

①地方公共団体の財源として、地方税・地方交付税・国庫
支出金（補助金）・地方債がある。市町村民税は、市町村
内に事務所または事業所のある法人にも課される。

②地方交付税とは、地方公共団体間の財政格差を是正する
ために、国から交付されるものである。使途に制限はない。

③地方交付税は、国税（所得税・法人税・消費税・酒税・地方
法人税）の一定割合を原資としている。

④普通交付税は、財源不足団体に、その不足額に応じて交
付される。財源不足団体とは、基準財政需要額が基準財
政収入額を超える団体をいう。

⑤地方交付税総額のうち、特別交付税の占める割合は固定
されている。特別交付税は、災害や予測できない事件に
対応して交付される。

⑥地方債の発行には、原則として総務大臣または都道府県
知事との協議が必要である。

⑦歳入不足を補う地方債（臨時財政対策債）もある。

2 地方公共団体の経費

⑧地方自治体の経費は、支出が義務付けられている@義務
的経費、⑥社会資本の整備等のための投資的経費、©そ
の他の経費の3つに分類される。

⑨義務的経費とされるのは、人件費・扶助費・公債費である。

学 習 日	月　　日	月　　日	月　　日	月　　日
正 答 数	／6	／6	／6	／6
解答時間	分	分	分	分

出た過去問！出る予想問！　目標 2 分で答えよう

❑❑❑ 市町村内に住所を有する個人だけでなく、当該市町村内に事務所または事業所を有する法人も、住民税を納税する義務を負う。[H30-52- オ]　☞①圀○

❑❑❑ 普通交付税はその総額を<u>人口と面積によって</u>国から自治体に分配する仕組みとなっており、都道府県では、人口の多い<u>東京都や</u>面積の広い北海道で、交付額が多くなっている。[H19-50- エ]　☞④圀×

❑❑❑ 地方交付税総額のうち、特別な事情に応じて交付される特別交付税の占める割合は、その年の<u>自然災害や景気動向によって決定される</u>こととなっている。[H19-50- イ]　☞⑤圀×

❑❑❑ 都道府県や市区町村が地方債発行により財源を調達する際には、当該地方議会の議決に加えて、<u>国の許可を受けることが義務づけられている</u>。[H26-50- エ]　☞⑥圀×

❑❑❑ 地方自治体が発行する地方債は建設事業の財源調達に限られており、歳入を補塡するための地方債<u>は発行されていない</u>。[H26-50- オ]　☞⑦圀×

❑❑❑ 大規模な運動場の建設を行うこととなり、今年度の予算規模が大幅に増大することとなった。これは<u>義務的経費の増大である</u>。[H22-50- ア]☞⑧⑨圀×

1 社会保障

①第二次世界大戦後にイギリスで提唱された「ゆりかごか
ら墓場まで」と称する福祉国家が日本のモデルとされた。

②日本の社会保障制度は、社会保険・公的扶助・公衆衛生・
社会福祉の4つの柱からなる。これらの財源は、社会保
険料や公費負担・資産収入などである。

③社会保険には、医療保険・年金保険・介護保険・雇用保険・
労災保険がある。

2 医療保険・年金保険

④医療保険とは、被保険者またはその扶養者の疾病などに
対して、医療サービスなどを行う社会保険である。

⑤医療保険は、民間の給与所得者などを対象とする健康保
険、農業・自営業者などを対象とする国民健康保険、公
務員などを対象とする共済組合保険などに分けられる。

⑥2008年に、75歳以上の高齢者を対象とした後期高齢者
医療制度が整備された。

⑦国民年金の保険者は政府だが、国民年金の適用や年金保
険料の徴収、年金給付の裁定や給付等の事務の権限は、
日本年金機構に委任または委託されている。

⑧老齢基礎年金・老齢厚生年金の受給には、保険料の納付
などの期間が10年以上である必要がある。

⑨日本の公的年金は、確定給付型に分類される。

⑩国民年金の老齢基礎年金の支給額は、保険料の納付済み
期間によって計算する。扶養家族がいても増額されない。

⑪老齢年金は、所得税の課税対象である。

学習日	月	日	月	日	月	日	月	日
正答数		/6		/6		/6		/6
解答時間		分		分		分		分

出た過去問！出る予想問！ 目標 2 分で答えよう

❑❑❑ 第二次世界大戦後にアメリカで提唱された「ゆりかごから墓場まで」と称する福祉国家が日本のモデルとされた。[R5-53-2] ☞①答×

❑❑❑ 社会保障は主に社会保険、公的扶助、社会福祉および公衆衛生からなるが、これらの財源の全額が租税でまかなわれている。[R5-53-1] ☞②答×

❑❑❑ 医療保険は、民間の給与所得者などを対象とする健康保険、農業・自営業者などを対象とする国民健康保険、公務員などを対象とする共済組合保険などに分立している。[H20-51-イ] ☞⑤答○

❑❑❑ 2008年に、75歳以上の高齢者を対象とした後期高齢者医療制度が整備された。[R5-53-4] ☞⑥答○

❑❑❑ 老齢基礎年金の受給資格を得ることができるのは、年金保険料を5年以上納付した場合だけである。[H29-41-3] ☞⑧答×

❑❑❑ 個人が受け取ることのできる国民年金給付額は、保険料の納付期間等によって決められるが、さらに、受給者が世帯主として家族の扶養義務を負う場合には、扶養家族の人数に応じて、給付が上乗せされる。[H23-51-2] ☞⑩答×

1 公的介護保険制度

①介護保険の加入者(被保険者)は、当該市町村の区域内に住所のある者のうち、65歳以上の者(第1号被保険者)と、40歳以上65歳未満の医療保険加入者(第2号被保険者)である。ただし、特別養護老人ホーム入居により住所を変更した場合は、住所地特例制度により、変更前の市町村の介護保険を利用できる。

②生活保護の受給者も、要件を満たせば、介護保険の被保険者になる。

③保険者として介護保険を運営しているのは、市町村及び特別区である。

2 介護保険の保険料

④第1号被保険者の保険料は、保険者(市町村・特別区)ごとに算定された基準額をもとに、本人及び本人以外の世帯員の所得金額に応じて決められる。同じ地域に住んでいても、保険料は異なる。

3 介護サービス

⑤介護保険によるサービスを受けるには、要介護認定を受ける必要がある。認定が要介護または要支援であれば介護サービスの対象となるが、自立であれば対象外となる。

⑥介護サービスを受ける際に、介護保険の被保険者は、費用の1割を負担するのが原則である。この負担割合を条例で増減することはできない。

⑦現在の制度では、施設サービスよりも、居宅サービスを重視している。

学 習 日	月　日	月　日	月　日	月　日
正 答 数	／5	／5	／5	／5
解答時間	分	分	分	分

● 出た過去問！ 出る予想問！ 目標②分で答えよう ●

❑❑❑ 生活保護の受給者については、生活保護による給付があるため、介護保険の被保険者にならない制度がとられている。[H20-51-ウ]　　　☞②答×

❑❑❑ 介護保険制度のもとでは、65歳以上のいわゆる第1号保険料負担は、本人の所得を基準として決めることとされ、同一世帯のなかに所得が高額な者がいたとしても、保険料率には一切関係がない。
[H23-51-5]　　　☞④答×

❑❑❑ 介護保険によるサービスを利用する場合には、あらかじめ要介護認定を受ける必要があり、要介護、要支援、自立のいずれかに認定されるが、介護予防給付を受けることができるのは、自立または要支援と認定された者に限られる。[H21-51-イ]

☞⑤答×

❑❑❑ 介護保険法では、介護サービスを利用する際の利用者負担として費用の1割を負担する原則がとられているが、市町村の条例によってこの負担割合を増減することができる。[H20-51-エ]　☞⑥答×

❑❑❑ 介護保険のサービスには、居宅サービスと施設サービスとがあるが、保険制度の導入以降、居宅サービスよりは施設サービスの利用割合を高くすることが目指されており、施設整備が急速に進んでいる。[H21-51-オ]　　　☞⑦答×

22 公的扶助

1 公的扶助とは何か

①公的扶助とは、国が生活困窮者に対して最低限の生活を保障するとともに、その自立を助長する制度。生活保護のこと。平成25年に生活困窮者自立支援法が成立した。

②生活保護には、生活扶助・教育扶助・住宅扶助・医療扶助などがある。

③地方自治体が策定する自立支援プログラムには、就労支援も含まれている。

④所得中央値の半分を下回る所得しかない者の比率を相対的貧困率という。近年の日本は15.4％である。

2 生活保護の申請

⑤生活保護は、保護の必要な者・扶養義務者などの申請に基づいて行われるのが原則である。居住地のない者も、保護を申請できる。

⑥生活保護の要否や程度は、世帯ごとに決められる（世帯単位の原則）。

⑦公的年金の給付を受けていても、最低限度の生活を維持できない場合は、生活保護を受けられる。

3 生活保護の方法

⑧生活保護は、金銭の給付によって行われるのが原則である。ただし、目的達成のため必要がある場合は、現物給付が行われる。

⑨生活扶助は、被保護者の居宅で行うのが原則である。ただし、それができない場合などには、適当な施設に入所させることもできる。

学習日	月　日	月　日	月　日	月　日
正答数	／5	／5	／5	／5
解答時間	分	分	分	分

● 出た過去問！ 出る予想問！　**目標 2 分で答えよう** ●

❏❏❏　生活保護の給付は医療、介護、出産に限定され、生活扶助、住宅扶助は<u>行われない</u>。[R5-53-3]

☞② 答 ×

❏❏❏　地方自治体では、被保護者の自立促進を目的とした自立支援プログラムを策定しており、生活習慣改善などの取組が推進されているが、職業訓練や職業紹介などの<u>就労支援は公共職業安定所の役割とされ、これには含まれていない</u>。[H21-53-5]

☞③ 答 ×

❏❏❏　生活保護法では、保護の認定や程度については、あくまで<u>個人を単位</u>として判断されることとなっており、仮に同一世帯のなかに所得が高額な親族がいる場合であっても、特定の個人が生活困窮状態にある場合には、<u>保護の対象となる</u>。[H23-51-1]

☞⑥ 答 ×

❏❏❏　たとえ生活に困窮する高齢者であっても、公的年金の給付を受けている場合には、生活保護の受給権は<u>認められない</u>。[H21-53-3]　☞⑦ 答 ×

❏❏❏　生活保護法では、生活困窮者に対する最低限度の生活保障が規定されているが、その扶助は<u>すべて現金</u>での給付によるものとされ、財やサービスの現物給付による保障は<u>行われていない</u>。[H21-53-2]

☞⑧ 答 ×

必ず出る！基礎知識 目標5分で覚えよう

1 差別撤廃に向けた立法・司法の歴史

①1969年に同和対策事業特別措置法が制定されて以降の国の特別対策は2002年に終了したが、2016年に部落差別の解消の推進に関する法律が制定された。

②我が国では1985年に「女子に対するあらゆる形態の差別の撤廃に関する条約」（女性差別撤廃条約）を批准した。また、同年に「雇用の分野における男女の均等な機会及び待遇の確保等に関する法律」（男女雇用機会均等法）を制定した。

③熊本地方裁判所は、2001年にハンセン病国家賠償訴訟の判決で、国の責任を認め、元患者に対する損害賠償を認めた。

④2016年に制定された「本邦外出身者に対する不当な差別的言動の解消に向けた取組の推進に関する法律」（ヘイトスピーチ解消法）は、禁止規定や罰則のない、いわゆる理念法である。

⑤「障害を理由とする差別の解消の推進に関する法律」（障害者差別解消法）は、2021年に改正され、事業者による合理的配慮の提供が義務化されることとなった。

学習日	月 日	月 日	月 日	月 日
正答数	／5	／5	／5	／5
解答時間	分	分	分	分

● 出た過去問！ 出る予想問！ **目標 2 分で答えよう** ●

❏❏❏ 1969 年に同和対策事業特別措置法が制定されて以降の国の特別対策は 2002 年に終了したが、2016 年に部落差別の解消の推進に関する法律が制定された。[R5-52-1]　　　　　　　　　☞①答○

❏❏❏ 日本は 1985 年に男女雇用機会均等法を制定したが、女性差別撤廃条約は<u>いまだ批准していない</u>。[R5-52-2]　　　　　　　　　　　　　　☞②答×

❏❏❏ 熊本地方裁判所は、2001 年にハンセン病国家賠償訴訟の判決で、国の責任を認め、元患者に対する損害賠償を認めた。[R5-52-3]　　　　　☞③答○

❏❏❏ 2016 年に制定されたヘイトスピーチ解消法は、禁止規定や罰則のない、いわゆる理念法である。[R5-52-4]　　　　　　　　　　　　　　　☞④答○

❏❏❏ 障害者差別解消法は、2021 年に改正され、事業者による合理的配慮の提供が義務化されることとなった。[R5-52-5]　　　　　　　　　☞⑤答○

24 雇用・労働⑴

1 雇用

① 「日本型雇用システム」の特徴は、終身雇用・年功序列型賃金・企業別労働組合である。これらが一体となり、家族的・全人格的な企業への帰属意識を形成していた。

② 働く意思と能力はあるのに就業機会がないことを、失業という。

③ 有効求人倍率が 1 を上回れば、労働供給が多く、1 を下回れば、労働需要が多い。

④ ワークシェアリングとは、1 人当たりの労働時間や負担を減らし、より多くの人に仕事を分配することである。

2 労働環境

⑤ フレックスタイム制とは、コアタイムには全員が働くことを条件に、出社・退社時間を労働者が自由に決める制度。

⑥ 労働者派遣法の改正により、2004 年から派遣対象業務の制限が原則として撤廃された。ただし、港湾運送業務などの労働者派遣事業は依然として禁止されている。

⑦ 結婚・出産・子育て期の就業中断のため、わが国の女性の年齢階層別労働力率は、30 歳代に下落する傾向がある。

⑧ 外国人技能実習機構が設立され、実習計画の認定等により外国人技能実習の適正化や実習生保護を図っている。

3 労働契約

⑨ 労働契約の契約期間は 3 年を超えてはならないのが原則。

⑩ 賃金は、通貨で支払うのが原則である。ただし、厚生労働省令の定めるもので支払うこともできる。

⑪ 最低賃金は、都道府県ごとに定められている。

● 出た過去問！ 出る予想問！ **目標 2 分で答えよう** ●

❑❑❑ 「日本型雇用システム」とは、終身雇用、年功序列型賃金、職業別労働組合という3つの特徴を持つことで知られ、これらは、安定した雇用環境を長期にわたって保障する制度として機能してきた。[H22-52-1] ☞①答×

❑❑❑ 有効求人倍率とは、職業安定所に登録された有効求人数を有効求職数で割った値をいい、この値が0.5を上回れば労働供給の方が多く、反対に0.5を下回れば、労働需要の方が多いことを意味する。[H25-51-イ] ☞③答×

❑❑❑ ワークシェアリングとは、労働者1人当りの労働時間を減らし、その分で他の労働者の雇用を維持したり、雇用を増やしたりすることをいう。[H25-51-ウ] ☞④答○

❑❑❑ 2017年11月から始まった新しい外国人技能実習制度では、外国人技能実習制度の適正な実施および外国人技能実習生の保護に関する業務を行うため、外国人技能実習機構（OTIT）が新設された。[H30-47-オ] ☞⑧答○

❑❑❑ 最低賃金法では支払うべき賃金の最低水準が定められているが、この水準は物価等を考慮して、市町村ごとに規定されている。[H24-53-4] ☞⑪答×

1 労働事情

① 2023 年 4 月に厚生労働省が発表した 2022 年度平均の有効求人倍率は 1.31 倍で、前年を 0.15 ポイント上回った。

② **働き方改革**とは、一億総活躍社会を実現するために、非正規雇用労働者の処遇改善や長時間労働の是正などを含めた労働制度の抜本的な改革のことをいう。

2 働き方改革

③ **働き方改革関連法**は、雇用対策法・労働基準法・労働時間等設定改善法・労働安全衛生法・じん肺法・パートタイム労働法・労働契約法・労働者派遣法などの改正を行う法律の通称であり、2019 年 4 月に施行された。

④ 働き方改革関連法により、労働時間に関する制度が見直され、一部職種を除き、時間外労働の上限が月 45 時間・年 360 時間となる。

⑤ **高度プロフェッショナル制度**とは、ⓐ高度の専門的知識を必要とする業務に従事し、ⓑ職務の範囲が明確で、ⓒ一定の年収を有する労働者を、労働時間の規制から外す仕組みのことで、年収 1,075 万円以上であることや、書面による合意を要件として、同制度の採用が認められている。

⑥ **同一労働同一賃金**とは、職務内容が同一であるにもかかわらず正規雇用労働者と非正規雇用労働者の間で賃金の格差がある状況を解消するため、同一の貢献をした場合は同じ給与・賃金を支給することである。

学 習 日	月　日	月　日	月　日	月　日
正 答 数	／5	／5	／5	／5
解答時間	分	分	分	分

● 出た過去問！ 出る予想問！ **目標 ②分で答えよう** ●

❏❏❏ 2023 年 4 月に厚生労働省が発表した 2022 年度平均の有効求人倍率は <u>1.10 倍</u>で、前年を <u>0.45 ポイント下回る</u>こととなった。[予想問]　　☞①醤×

❏❏❏ 働き方改革関連法とは、雇用対策法や労働基準法など労働関連法をまとめて改正する法律の総称であり、パートタイム労働法や労働者派遣法のような非正規雇用に関する法律についても対象としている。[予想問]　　☞③醤○

❏❏❏ 働き方改革関連法により、労働時間に関する制度が見直され、<u>すべての職種</u>において時間外労働の上限が月 45 時間年 360 時間とされた。[予想問]
☞④醤×

❏❏❏ 高度プロフェッショナル制度とは、一定の年収を有する<u>すべて業種の労働者を対象</u>として、労働時間の規制を撤廃する仕組みのことで、書面による合意を条件に導入することができる。[予想問]
☞⑤醤×

❏❏❏ 同一労働同一賃金とは、<u>在職期間</u>が同一であるにもかかわらず正規雇用労働者と非正規雇用労働者の間で賃金の格差がある状況を解消するために、同一の貢献をした場合は同じ給与・賃金を支給することをいう。[予想問]　　☞⑥醤×

26 教育制度

1 教育委員会

①教育委員会は、都道府県・市町村・特別区に設置されている。

② 1948 年から 1956 年まで、教育委員会の委員は、住民の選挙によって選ばれていた。しかし、現在では、地方公共団体の長が、議会の同意を得て任命している。

③教育委員会は、教育機関を管理し、学校の組織編制・教育課程・教材・教育職員の身分に関する事務を行う。また、教育・学術・文化に関する事務を管理執行する。

2 学 校

④学校教育法の学校とは、幼稚園・小学校・中学校・高等学校・中等教育学校・特別支援学校・大学・高等専門学校をいう。

⑤学校を設置できるのは、国（国立大学法人・独立行政法人国立高等専門学校機構を含む）、地方公共団体（公立大学法人を含む）及び学校法人のみである。

⑥市町村は、必要な小学校・中学校を設置しなければならない。

3 教職員の任免

⑦市町村立小中学校の職員の任免等の人事や給与の負担は、都道府県が行っている（県費負担教職員制度）。

⑧中央教育審議会の答申を踏まえ、民間人校長の任用制度が導入され、教員免許のない者を校長に任用できるようになった。

学習日	月　日	月　日	月　日	月　日
正答数	／5	／5	／5	／5
解答時間	分	分	分	分

● 出た過去問！ 出る予想問！ 目標 **2** 分で答えよう ●

❏❏❏ 教育委員会は、政治的中立性の確保や合議制による慎重な意思決定等を目的として設けられた行政委員会であり、<u>国</u>、都道府県、市町村にそれぞれ設置されている。[H21-49-1]　　　☞①答×

❏❏❏ 教育委員会を構成する教育委員は、かつては住民の選挙によって選ばれていたが、現在では地方公共団体の長が議会の同意を得て任命する制度となっている。[H21-49-2]　　　☞②答〇

❏❏❏ 中等教育学校は、<u>学校教育法の学校ではない</u>から、会社や個人が設立することも<u>できる</u>。[予想問]　　　☞④⑤答×

❏❏❏ 小中学校の教員の採用や給与の支払いについては、県費負担教職員制度の下で都道府県が実施していたが、地方分権改革の下でこの制度が<u>廃止され、現在は各市町村が実施している</u>。[H21-49-3]　　　☞⑦答×

❏❏❏ 学校の自立的な運営体制をつくるため、<u>教員免許を有する者であれば</u>、教育に関する職の経験がなくても、校長に任用できる制度が新たに導入され、現在、いわゆる民間人校長が多数誕生している。[H21-49-4]　　　☞⑧答×

27 環境問題(1)

1 公害・環境対策

①公害対策を総合的に推進するために、公害対策基本法が制定された。同法には、経済調和条項が盛り込まれていたが、1970年のいわゆる公害国会で削除された。

② OECD（経済協力開発機構）は、汚染防止費用について汚染者負担の原則を示した。わが国は、これを拡張し、汚染環境の修復費用や公害被害者の補償費用についても汚染者負担を基本とした。

③廃棄物処理法では、一般廃棄物を産業廃棄物以外の廃棄物と定義しており、同法では、家庭から排出される一般廃棄物の処理を市町村の責務としている。そのため、ごみ処理の有料化を実施している市町村や特別区もある。

④大気汚染防止法や水質汚濁防止法には、公害発生者の無過失責任が明文化された。

⑤ 1993年、公害対策基本法と自然環境保全法を見直し、環境行政を総合的に推進するために、環境基本法が制定された。同法には、経済調和条項はない。

⑥ 1997年に環境アセスメント法（環境影響評価法）が制定され、事前に環境への影響を調査・予測・評価し、大規模開発による環境破壊を未然に防止すべきとされた。

2 空 家

⑦空家とは、居住などの使用がされていないことが常態の建築物・付属の工作物及びその敷地をいう。

⑧市町村は、空家に関するデータベースを整備し、その状況を把握、管理することが法律上義務づけられている。

学 習 日	月	日	月	日	月	日	月	日
正 答 数		/5		/5		/5		/5
解答時間		分		分		分		分

出た過去問！
出る予想問！ 目標 ② 分で答えよう

❏❏❏ 家庭から排出される一般廃棄物の処理は市区町村の責務とされており、排出量を抑制するなどの方策の一つとして、ごみ処理の有料化を実施している市区町村がある。[R1-53-イ] ☞③答〇

❏❏❏ 生活環境の保全について、経済の健全な発展との調和が図られなければならないという条項を「経済調和条項」といい、かつての公害対策基本法に盛り込まれ、現在の環境基本法でも継承されている。[H23-53-ウ] ☞①⑤答✕

❏❏❏ 一定の開発事業を行う前に、環境に与える影響を事前に調査・予測・評価する仕組みが「環境影響評価」であり、1970年代以降、いくつかの自治体が環境影響評価条例を制定し、1990年代に国が環境影響評価法を制定した。[H23-53-オ] ☞⑥答〇

❏❏❏ 空家特措法では、「空家」とは居住その他の使用が10年以上なされていない家屋のことであると規定されている。[H27-51-1] ☞⑦答✕

❏❏❏ 都道府県は、「空家」に関するデータベースを整備し、「空家」の状況を把握、管理することが、空家特措法で義務づけられている。[H27-51-3] ☞⑧答✕

28 環境問題(2)

1 地球温暖化

①リオデジャネイロでの**地球サミット**では、持続可能な開発を基本理念とするリオ宣言とともに、地球温暖化防止対策の枠組みを定めた気候変動枠組条約を採択した。

② 2015 年には、すべての国に温室効果ガスの削減義務を課したパリ協定が採択された。

③日本政府は、脱炭素社会実現のために、**2050 年**までに温室効果ガス排出ゼロを目指す長期戦略をまとめた。

④環境と開発に関するリオ宣言を遵守し実行するための具体的行動計画を、アジェンダ 21 という。

2 SDGs（持続可能な開発目標）

⑤ SDGs とは、2015 年の国連サミットで全会一致にて採択された国際目標である。

⑥ SDGs は、「**誰一人取り残さない**」社会の実現のために、17 の目標と 169 のターゲットから構成されている。

⑦ SDGs 前文では、「すべての人々の人権を実現し、ジェンダー平等とすべての女性と女児の能力強化を達成することを目指す」としており、自然環境問題にとどまらず、あらゆる人が生きやすい社会の実現を目指している。

3 国際標準化機構(ISO)

⑧**国際標準化機構**とは、製品やサービスの**国際規格や規準**を確立するために設立された国際的な非政府組織である。

⑨ ISO14000 シリーズは、国際標準化機構発行の環境マネジメントシステムに関する国際規格、ISO9000 シリーズは、品質マネジメントシステムに関する国際規格である。

学習日	月 日	月 日	月 日	月 日
正答数	/6	/6	/6	/6
解答時間	分	分	分	分

● 出た過去問! 出る予想問! **目標 2 分で答えよう** ●

❏❏❏ 2015 年に採択されたパリ協定では、温室効果ガスの排出量が著しい先進国に対して削減義務を課しているが、開発途上国は対象外とされている。[予想問]　　　　☞②答×

❏❏❏ パリ協定に基づき、2050 年までに温室効果ガスの80%の排出削減を通じて「脱炭素社会」の実現を目指す長期戦略を日本政府は取りまとめた。[R3-52ウ]　　　　☞③答×

❏❏❏ SDGs とは、持続可能な社会を目指すために、2015年のユネスコサミットにて全会一致で採択された国際目標のことである。[予想問]　　　　☞⑤答×

❏❏❏ SDGs とは「持続可能な開発目標」と訳され、だれ一人取り残さない社会の実現を目指す国際目標のことである。[予想問]　　　　☞⑤⑥答○

❏❏❏ SDGs は、地球温暖化や海洋汚染などの環境問題に関する 10 の目標と、具体的な行動を定めた 180のターゲットで構成されている。[予想問]

☞⑥⑦答×

❏❏❏ 国際標準化機構（ISO）は、国連事業可能開発部（UNDSD）における環境マネジメントシステム調査研究プロジェクトを母体とする国連の一機関である。[H16-51-1]　　　　☞⑧答×

29 土地と海洋

1 土　地

①バブル経済期に、土地についての基本理念を定めた土地基本法が制定された。また、国土利用計画法の活用や地価税の導入により、土地取引の規制がなされた。ただし、1992 年施行の地価税は、1998 年以降は課税されていない。

②公有水面の埋立ては、都道府県知事の免許を受ければ、誰でもできる。

③固定資産税評価額には、建物だけでなく、土地の評価額も含まれる。

④日本の最北端の島は択捉島、最南端の島は沖ノ鳥島、最東端の島は南鳥島、最西端の島は与那国島である。

⑤1 坪は 3.30579 ㎡、1 町歩は 9917.36 ㎡である。

2 海　洋

⑥世界の海洋のうち、沿岸国の領海と排他的経済水域を除いた部分が公海。公海には、公海自由の原則が適用される。

⑦領海とは、沿岸国の領域の一部を構成する海域の部分。いずれの国も、沿岸に引かれる基線から測定して 12 カイリを超えない範囲で、領海の幅を定めることができる。

⑧排他的経済水域は、基線から測って沖合 200 カイリまでの海域に設定できる。

⑨沿岸国には、排他的経済水域にあるすべての天然資源の探査・開発のために他を排除する権利がある。

⑩沿岸国だけでなく、全ての国が、排他的経済水域において、航行・上空飛行の自由や海底電線・海底パイプライン敷設の自由を享有する。

学 習 日	月　　日	月　　日	月　　日	月　　日
正 答 数	／6	／6	／6	／6
解答時間	分	分	分	分

● 出た過去問！ 出る予想問！ **目標 2 分で答えよう** ●

❏❏❏ 1980 年代後半からのバブル経済において地価が高騰したことを受けて、土地基本法が制定された。さらに、国土利用計画法に基づく監視区域の活用や、地価税の導入などが行われて、対策が進められた。[H23-52-4]　　　　　☞①答○

❏❏❏ 海などの公有水面を埋め立てることによって土地を拡げることができるが、埋め立ての事業主体となることができるのは、国、特殊法人など国が指定した法人、または地方公共団体に限られている。[H23-52-3]　　　　　☞②答✕

❏❏❏ 1坪は1平方メートルより大きい。[H29-51-1]　　　　　☞⑤答○

❏❏❏ 世界の海洋のうち、沿岸国の領海と排他的経済水域を除いた部分が公海であり、公海自由の原則が適用される。[H18-52-2]　　　　　☞⑥答○

❏❏❏ 排他的経済水域は、基線より測って沖合 100 カイリまでの海域に設定することができる。[H18-52-3]　　　　　☞⑧答✕

❏❏❏ 排他的経済水域においては、沿岸国だけでなく、すべての国が、航行および上空飛行の自由ならびに海底電線・海底パイプライン敷設の自由を享有する。[H18-52-5]　　　　　☞⑩答○

30 難民認定

1 難　　民

①難民の地位に関する条約でいう難民とは、人種・宗教・政治的意見・特定の集団に属すことなどを理由に迫害を受ける可能性が高く、自国の保護を受けられない者をいう。

②難民の人権保障と難民問題解決のための国際協力を定めた難民の地位に関する条約には、日本も加入している。

2 難民の認定

③難民の認定について定めている法律は、出入国管理及び難民認定法である。そして、難民認定制度を管轄するのは、出入国在留管理庁である。

④入国後であっても、後発的に難民となる事由が生じた場合には、難民申請ができる。

⑤難民の認定を行うのは、法務大臣である。難民の認定をしたときは、難民認定証明書を交付する。認定しないときは、理由を付した書面で通知する。

⑥難民の認定を受けた者は、法務大臣に対し難民旅行証明書の交付を申請できる。難民旅行証明書が交付されると、その有効期間内は、わが国に入国したり、出国したりすることができる。

⑦難民の認定をしない処分に不服のある外国人は、法務大臣に対して審査請求ができる。法務大臣は、審査請求に対する決定にあたり、難民審査参与員の意見を聴かなければならない。

学習日	月　　日	月　　日	月　　日	月　　日
正答数	／4	／4	／4	／4
解答時間	分	分	分	分

● 出た過去問！ 出る予想問！ 目標 **2** 分で答えよう ●

❑❑❑ 難民の地位に関する条約は、難民の人権保障と難民問題解決のための国際協力を効果的にするためのものであり、日本も加入している。[H26-54-2]

☞②答○

❑❑❑ わが国の外国人に関する法制度としては、出入国管理法があるが、難民条約に加盟したことから、新たに<u>それとは別個に難民認定法が制定</u>された。また、制度を管轄する行政組織も、入国管理局ではなく、<u>法務省人権擁護委員会が担当</u>することとなった。[H22-53-1]　　　　　☞③答×

❑❑❑ 難民の申請は、本国から逃れてきて、本邦に入国する時点で難民認定を申請するほか、本邦に入国して数年間滞在した時点で、本邦入国後の政治活動など後発的事由を理由として難民認定を申請しても、これを認めることができる。[H22-53-3]

☞④答○

❑❑❑ 法務大臣による難民認定拒否の処分にかかる当該外国人からの審査請求に対する決定に際し、決定の客観性・中立性を確保するために、外部有識者で構成される委員会・委員等の意見を聴くことは<u>義務づけられていない</u>。[H22-53-4 改]　☞⑦答×

31 核戦争・核軍縮

1 核 戦 争

①大陸間弾道ミサイル (ICBM) による全面的な核戦争に対し、中距離核戦力 (INF) による戦域を限定した核戦争を限定核戦争という。

2 核 軍 縮

② 1971 年に、非核三原則（核兵器を持たず、作らず、持ち込ませず）が国会で決議された。

③ 1967 年、ラテンアメリカ諸国は非核兵器地帯を創設する条約を締結した。また、1995 年に東南アジア非核兵器地帯条約が、1996 年にアフリカ非核兵器地帯条約が締結された。

④あらゆる核実験を禁止する包括的核実験禁止条約 (CTBT) は、米・中が批准せず、インド・パキスタンは署名もしないため、発効の見通しが立っていない。

⑤核拡散防止条約 (NPT) は、米露英仏中を核兵器保有国とし、これら以外の核兵器非保有国への核兵器移譲や核兵器非保有国の核兵器製造を禁止している。また、核兵器非保有国に国際原子力機関 (IAEA) の核査察を受けることを義務付けている。

⑥ 2021 年に発効した核兵器禁止条約は、核兵器の使用、使用するとの威嚇を禁止し、いかなる状況においても、核兵器またはその他の核爆発装置を開発・実験・生産・製造その他の方法で取得・保有・保管してはならないとしている。

⑦中距離核戦力 (INF) 全廃条約は、アメリカとソ連との間に結ばれた条約で、2019 年に失効した。

学 習 日	月　　日	月　　日	月　　日	月　　日
正 答 数	／6	／6	／6	／6
解答時間	分	分	分	分

● 出た過去問！ 出る予想問！ **目標 2 分で答えよう** ●

❑❑❑ 1971 年に、核兵器を「もたず、つくらず、もちこませず」を趣旨とする非核三原則が国会で決議された。[H28-47-3] ☞②圏○

❑❑❑ 東南アジア・中南米・アフリカなどの地域では、非核兵器地帯を創設する多国間条約が締結されている。[H26-51-イ] ☞③圏○

❑❑❑ 包括的核実験禁止条約（CTBT）は、国連総会で採択され、その後、米中やインド・パキスタンを含む多くの国連加盟国が署名・批准を済ませ発効した。[H26-51-ア] ☞④圏×

❑❑❑ 核兵器非保有国への核兵器移譲や核兵器非保有国の核兵器製造を禁止する核拡散防止条約（NPT）では、米露英仏中の5カ国が核兵器保有国と規定されている。[H26-51-エ] ☞⑤圏○

❑❑❑ 核拡散防止条約（NPT）では、核兵器非保有国の原子力（核）の平和利用は認められているが、軍事転用を防止するために国際原子力機関（IAEA）の査察を受ける義務を負う。[H26-51-オ] ☞⑤圏○

❑❑❑ 中距離核戦力（INF）全廃条約は、アメリカとソ連との間に結ばれた条約で、2019 年に失効した。[R4-49 オ] ☞⑦圏○

1　昭和期の地震災害

① 1923 年 9 月 1 日、マグニチュード 7.9 の関東大震災が発
生した。この地震は、死者・行方不明者が 14 万人以上
となる史上最大の地震災害となった。

2　昭和期の台風災害

② 室戸台風とは、1934 年 9 月に四国の室戸岬に上陸した台
風である。この台風は、四国に上陸した後、京阪神地区
に大きな被害をもたらし、死者・行方不明者をあわせて
3,000 人を超える災害となった。

③ 枕崎台風とは、1945 年 9 月に鹿児島県枕崎市付近に上陸
した台風である。台風は九州を縦断し、中国地方を通過
して日本海を抜けた後、山形県に再上陸し、東北地方を横
断して、ほぼ日本列島全域を巻き込むコースをたどった。

④ 枕崎台風の発生は終戦直後で、気象情報も少なく、防災・
警戒体制が不十分だったことから被害が拡大した。

⑤ 狩野川台風は、1958 年 9 月に静岡県伊豆半島から東京を
通過し、東海地方と関東地方に大雨をもたらし、土砂災
害や河川の氾濫が相次いだ。特に伊豆半島では、大量の
水が流れ込んだ狩野川が氾濫して、1,000 名を超える犠
牲者を出すこととなった。

⑥ 1959 年 9 月に発生した伊勢湾台風では、風速 30 メー
トル以上の暴風雨圏が半径 300 キロを超える大型台風
で、39 都道府県に災害をもたらし、死者・行方不明者が
5,000 人を超え、戦後昭和期最大の被害となった。

学 習 日	月 日	月 日	月 日	月 日
正 答 数	／5	／5	／5	／5
解答時間	分	分	分	分

● 出た過去問! 出る予想問! **目標 ② 分で答えよう** ●

❏❏❏ 第一次世界大戦の終結から間もない時期に関東地方を襲った関東大震災は、マグニチュード7.9、最大震度6以上となり、10万人以上の死者行方不明者を出した。[予想問]　　　☞①答〇

❏❏❏ 終戦直後に日本を襲った室戸台風は、四国に上陸した後、日本列島全域をほぼ巻き込むコースをたどり、気象情報が不十分で防災・警戒体制が不十分な都市を襲い、被害が拡大した。[予想問]
☞②③④答✕

❏❏❏ 1958年に静岡県伊豆半島から東京を通過した狩野川台風は、雨量が少なかったため河川の氾濫などの被害はなかったが、暴風による建物の倒壊とそれに伴う人的被害が多発した。[予想問]　☞⑤答✕

❏❏❏ 高度経済成長期の日本を襲った伊勢湾台風は、暴風雨圏が半径300キロを超える大型台風となり、死者・行方不明者が5,000人を超える被害をもたらした。[予想問]　　　☞⑥答〇

❏❏❏ 終戦から1980年代までに発生した自然災害で死者・行方不明者が最も多かったのは、伊勢湾台風であった。[H28-53-3]　　　☞⑥答〇

1 平成以降の災害

① 1991 年 6 月、長崎県の雲仙普賢岳で大規模な火砕流が発生し、**避難勧告区域内**にいた消防団員や報道関係者、研究者らが多数犠牲となった。

② 2014 年、長野県と岐阜県の県境の御嶽山が噴火し、登山者 58 名が死亡する戦後最悪の火山災害となった。

③ 1995 年 1 月 17 日、兵庫県の淡路島北部を震源として、マグニチュード 7.3 の兵庫県南部地震（阪神淡路大震災）が発生した。特に震源に近い神戸市の市街地の被害は甚大で、犠牲者は 6,000 人を超えた。

④ 阪神淡路大震災では、新耐震基準を満たさない昭和 56 年以前の建物に倒壊等の被害が集中したことから、耐震改修促進法が制定されることになった。

⑤ 2011 年 3 月 11 日、三陸沖の宮城県牡鹿半島の東南東 130km 付近で、深さ約 24km を震源とする**マグニチュード 9.0** の地震が発生した（東日本大震災）。これは国内観測史上最大規模であり、1900 年以降では世界で 4 番目。

⑥ 東日本大震災では、宮城県で最大震度 7 が観測され、大津波や火災が発生した。この地震により、東北地方を中心に、死者・行方不明者が 1 万 8,000 人を超えた。

⑦ 2013 年 10 月の台風 26 号の影響で、伊豆大島では、三原山の外輪山中腹が崩落し、土石流が発生した。被害は長さ約 1,200m に及び、36 人が死亡、3 人が行方不明となった。なお、1986 年の三原山噴火の際に行われた全島民避難は、2013 年には行われていない。

学 習 日	月	日	月	日	月	日	月	日
正 答 数		/6		/6		/6		/6
解答時間		分		分		分		分

● 出た過去問! 出る予想問! **目標 2 分で答えよう** ●

❏❏❏ 1991 年には<u>熊本県</u>の雲仙普賢岳で大規模な火砕流が発生し、<u>避難勧告区域外</u>にいた報道関係者や研究者などに多くの犠牲者が発生した。[予想問]

☞①**答**✕

❏❏❏ 2014 年には<u>長野県と群馬県</u>の県境に位置する御嶽山が噴火し、火口付近にいた登山者が犠牲となり、戦後最悪の火山災害となった。[予想問]　☞②**答**✕

❏❏❏ 1995 年 1 月 17 日の未明に発生した<u>兵庫県北部</u>を震源とした地震では、神戸市の市街地に甚大な被害を与えた。[予想問]　　　　　　　　☞③**答**✕

❏❏❏ 阪神淡路大震災では、耐震基準が緩い昭和 56 年以前の建物に倒壊等の被害が集中したことから、耐震改修促進法が制定されることになった。[予想問]

☞④**答**○

❏❏❏ 2011 年 3 月 11 日、三陸沖を震源とするマグニチュード 9.0 の地震が発生し、宮城県で最大震度 7 が観測され、大津波や火災が発生した。この地震により、東北地方を中心に 18000 人を超える死者・行方不明者が発生した。[予想問]　☞⑤⑥**答**○

❏❏❏ 2013 年 10 月に関東地方に接近した台風 26 号の影響で、伊豆大島では三原山の中腹が崩落し土石流が発生した。被害は長さ約 1200 m におよび、<u>全島民が島外避難する</u>こととなった。[予想問]☞⑦**答**✕

34 日本のテロ対策

必ず出る！基礎知識 目標 5 分で覚えよう

1 テロ対策強化の歴史

① 日本が締結したテロ防止に関連する条約として最も古い
ものは、1970 年締結の「航空機内で行われた犯罪その他
ある種の行為に関する条約」である。

② 2001 年 9 月 11 日にアメリカで発生した同時多発テロ事
件をきっかけとして、通称「テロ対策特別措置法」が制
定された。

③ 2015 年 2 月、警察庁は、我が国に対するテロの未然防止
及びテロへの対処体制の強化に取り組むための諸対策を
検討・推進することを任務とする警察庁国際テロ対策推
進本部を設置した。

④ 2015 年 9 月、サイバーテロ対策の一環として、「サイバ
ーセキュリティ基本法」に基づき、サイバーセキュリテ
ィ戦略が閣議決定された。

⑤ 国際組織犯罪防止条約の締結に向けた「組織的な犯罪の
処罰及び犯罪収益の規制等に関する法律」の 2017 年の改
正として、いわゆるテロ等準備罪が新設された。

⑥ 2022 年 7 月 8 日に奈良県で発生した安倍晋三・元首相銃
撃事件をきっかけとして、警察庁は要人警護専門の部署
を増設した。

学習日	月　日	月　日	月　日	月　日
正答数	／5	／5	／5	／5
解答時間	分	分	分	分

出た過去問！ 出る予想問！ 目標 2 分で答えよう

❏❏❏ 日本が締結したテロ防止に関連する条約として最も古いものは、1970 年締結の「航空機内で行われた犯罪その他ある種の行為に関する条約」(航空機内の犯罪防止条約)である。[R5-48-1]　☞①答○

❏❏❏ 2001 年 9 月 11 日にアメリカで発生した同時多発テロ事件をきっかけとして、通称「テロ対策特別措置法」が制定された。[R5-48-2]　☞②答○

❏❏❏ 2015 年 9 月、サイバーテロ対策の一環として「サイバーセキュリティ基本法」に基づき、サイバーセキュリティ戦略が閣議決定された。[R5-48-3]
　☞④答○

❏❏❏ 国際組織犯罪防止条約の締結に向けた「組織犯罪処罰法」の 2017 年の改正として、いわゆるテロ等準備罪が新設された。[R5-48-4]　☞⑤答○

❏❏❏ 2022 年 7 月 8 日に奈良県で発生した安倍晋三・元首相銃撃事件をきっかけとして、内閣府に「テロ対策庁」が設置された。[R5-48-5]　☞⑤答✕

1 科学技術

①航空法上のドローンとは、構造上人が乗ることができない無人航空機で、遠隔操作または自動操縦により飛行させることができるものをいう。

②ドローン飛行において、ⓐ空港等周辺空域、ⓑ緊急用務空域、ⓒ地表・水面から 150 m 以上の空域、ⓓ DID（人口集中地区）の上空では、国土交通大臣の許可が必要。

③自動運転とは、乗り物や移動体の操縦を、人の手によらず、機械が自立的に行うシステムのこと。レベル 0～5 の 6 段階に区分されている。

④レベル 0 ＝自動運転技術なし、レベル 1～2 ＝運転主体がドライバー（運転支援車）、レベル 3 ＝条件により運転主体がシステム、レベル 4 ＝一定条件下ですべての運転操作が自動化、レベル 5 ＝制限なく全運転操作が自動化。

2 食の安全

⑤保健機能食品には、特定保健用食品（トクホ）・栄養機能食品・機能性表示食品がある。

⑥特定保健用食品は、国が個別に安全性や機能性について許可するものが表示できる。

⑦栄養機能食品は、国の規格基準に適合するもののとして機能を表示できる。

⑧機能性表示食品は、事業者の責任において科学的根拠に基づいた機能性を表示した食品である。

⑨機能性表示食品の安全性や機能性の根拠に関する情報は、消費者庁長官に届け出る義務が定められている。

学 習 日	月　　日	月　　日	月　　日	月　　日
正 答 数	／5	／5	／5	／5
解答時間	分	分	分	分

● 出た過去問！ 出る予想問！ 目標 ② 分で答えよう ●

❑❑❑ 航空法上のドローンを空港等の周辺の空域、地表または水面から 150 m以下の高さの空域を飛行させる場合は、経済産業大臣の許可が必要となる。[予想問] ☞②答✕

❑❑❑ 国土交通省による自動運転ガイドラインに定められた車両の自動運転の水準のうち、レベル3では、全ての方向の車両運動制御について自動運転機能を有し、人の介入を排除し、安全運転についてもシステム側が完全に主体となる。[R3-56-3 改] ☞④答✕

❑❑❑ 特定保健用食品とは、国の規格基準に適合するものとして機能を表示することができる食品のことである。[予想問] ☞⑥⑦答✕

❑❑❑ 保健機能食品のうち機能性表示食品とは、科学的根拠に基づいた機能性があることを消費者庁が認定し、表示した食品である。[予想問] ☞⑧答✕

❑❑❑ 機能性表示食品の安全性や機能性の根拠に関する情報については、厚生労働大臣に届け出る義務が定められている。[予想問] ☞⑨答✕

必ず出る！
基礎知識 目標 5 分で覚えよう

1 各国のエネルギー事情

① 2020 年時点で、世界で最もエネルギー使用量が高いのは中国、次いでアメリカとなっている。

②中国・インドでは、火力発電の割合が高くなっている。

③カナダ・ブラジル・ノルウェーでは水力発電の割合が高い。

④フランスでは、エネルギーの7割程度を原子力発電に依存している。

⑤ドイツは、東日本大震災の直後に脱原発を宣言した。

2 日本のエネルギー事情

⑥日本では、火力発電への依存が最も高い。

⑦東日本大震災までは、原子力への依存が2割以上となっていた。

⑧日本は、一次エネルギーのうち、石油はサウジアラビア、天然ガスや石炭はオーストラリアなど、資源の多くを輸入に依存している。

3 持続可能型エネルギー

⑨持続可能型エネルギーは、環境に対する負荷が小さいが、従来型エネルギーに比べると、安定供給に対する不安や、出力の大きさで劣るという問題が指摘されている。

⑩バイオマス発電とは、動植物などから生まれた化石燃料を除いた有機性の生物資源を、直接燃焼やガス化する発電方法のことである。

学習日	月　日	月　日	月　日	月　日
正答数	／5	／5	／5	／5
解答時間	分	分	分	分

● 出た過去問！ 出る予想問！ **目標 ② 分で答えよう** ●

❏❏❏ 現在、世界最大のエネルギー消費国は<u>米国</u>であり、<u>中国</u>がそれに続いている。[R3-52-エ]　☞①答×

❏❏❏ 広大な国土をながれる大河をもつ<u>中国</u>や<u>インド</u>、ブラジルなどでは<u>水力発電</u>の割合が高い。[予想問]
☞②③答×

❏❏❏ 工業大国の<u>ドイツ</u>では、エネルギーの7割程度を<u>原子力発電</u>に依存している。[予想問]　☞④⑤答×

❏❏❏ 2020年代後半以降、日本では、原油ならびに<u>天然ガス</u>のいずれもの大半を、<u>中東から輸入</u>している。[R3-52-イ]
☞⑧答×

❏❏❏ バイオマス発電とは、<u>化石燃料</u>や<u>動植物資源など</u>の有機性の資源を、太陽エネルギーを利用することでエネルギーに転換する発電方法のことである。[予想問]
☞⑩答×

1 先住民族

① 2007 年の国連総会では、「先住民族の権利に関する宣言」が採択された。宣言では、先住民族への差別を禁じ、文化的伝統や慣習を実践する権利、土地や資源に対する権利などを明記した。なお、宣言に法的拘束力はない。

② 2014 年には「先住民族の権利に関する宣言」のハイレベルの会議として、先住民族世界会議が開催された。

③ 2019 年に制定されたアイヌ新法では、アイヌの人々の民族としての誇りが尊重される社会の実現を図り、我が国の多様な文化の発展に寄与することを目的としている。

④アイヌ新法に対する附帯決議において、アイヌの人々の先住性は、歴史的事実であることを認め、アイヌの伝統等に関する知識の普及及び啓発の推進に努めることが採択された。

⑤アボリジニとは、オーストラリア大陸やタスマニア島の先住民族である。

⑥マオリとは、ニュージーランドの先住民族である。

⑦イヌイットとは、カナダの氷雪地帯に住む先住民族であり、日本人と同じモンゴロイドである。

2 ジェンダー

⑧ LGBT とは、レズビアン・ゲイ・バイセクシャルの 3 つの性的思考と、トランスジェンダーという性自認の英語表記による頭文字をとった語。性的少数派を意味する。

⑨日本では、同性婚は立法化されていないが、自治体レベルではパートナーシップ制度の採用がみられる。

学習日	月 日	月 日	月 日	月 日
正答数	／5	／5	／5	／5
解答時間	分	分	分	分

● 出た過去問！ 出る予想問！ **目標 2 分で答えよう** ●

❑❑❑ 2007 年の国連総会では、「先住民族の権利に関する宣言」が採択され、2014 年には「先住民族世界会議」が開催された。[R3-53-3] ☞①②答○

❑❑❑ 2019 年制定のいわゆるアイヌ新法で、アイヌが先住民族として明記された。[R3-53-1] ☞④答○

❑❑❑ マオリはオーストラリアの先住民族であり、アボリジニはニュージーランドの先住民族である。[R3-53-5] ☞⑤⑥答×

❑❑❑ 「LGBT」は、レズビアン、ゲイ、バイセクシュアル、トランスジェンダーを英語で表記したときの頭文字による語で、性的少数派を意味する。[R3-54-1] ☞⑧答○

❑❑❑ 日本では、同性婚の制度が立法化されておらず、同性カップルの関係を条例に基づいて証明する「パートナーシップ制度」を導入している自治体もない。[R3-54-4] ☞⑨答×

第 2 編

行政書士法等
諸法令

1 行政書士法(1)

1 行政書士の業務

①行政書士は、他人の依頼を受け報酬を得て、官公署に提出する書類その他権利義務又は事実証明に関する書類を作成することを業とする。ただし、その業務を行うことが他の法律において制限されているものについては、業務を行うことができない。

2 行政書士の資格・登録

②行政書士試験に合格した者以外（例弁護士・弁理士・公認会計士・税理士となる資格を有する者、一定の公務員）も、行政書士となる資格を有する。

③禁錮以上の刑に処せられ、刑の執行が終わり・執行を受けることがなくなってから、3年を経過しない者は、行政書士となる資格を有しない。未成年者も同様に、行政書士となる資格を有しない。

④行政書士となる資格を有する者が行政書士となるには、行政書士名簿に、住所・氏名・生年月日・事務所の名称及び所在地等の事項の登録を受けなければならない。登録を受けようとする者は、行政書士となる資格を有することを証する書類を添えて、日本行政書士会連合会に対し、その事務所の所在地の属する都道府県の区域に設立されている行政書士会を経由して、登録の申請をしなければならない。

⑤行政書士の登録には、有効期間がなく、更新の手続も存在しない。

学 習 日	月 日	月 日	月 日	月 日
正 答 数	／6	／6	／6	／6
解答時間	分	分	分	分

出た過去問！出る予想問！ 目標２分で答えよう

❏❏❏ 行政書士は、官公署に提出する書類の作成について一般的権限を有し、社会保険労務士や司法書士が業とする書類の作成についても、<u>競合して業務を行うことができる</u>。［予想問］　☞①答✕

❏❏❏ 行政書士は、行政書士試験に合格した者に<u>限られる</u>。［予想問］　☞②答✕

❏❏❏ 弁護士となる資格を有する者、弁理士となる資格を有する者は、行政書士となる資格を有するが、社会保険労務士となる資格を有する者、<u>公認会計士となる資格を有する者は行政書士となる資格を有しない</u>。［予想問］　☞②答✕

❏❏❏ <u>罰金刑</u>や<u>過料処分</u>を受けた場合、その刑や処分を受けてから<u>6か月間</u>は、行政書士としての資格を失う。［予想問］　☞③答✕

❏❏❏ 登録は日本行政書士会連合会に対して行うが、登録を申請する場合には、事務所を設けようとする都道府県の区域にある都道府県行政書士会を経由して行わなければならない。［予想問］　☞④答○

❏❏❏ 行政書士としての登録の有効期間は5年であり、<u>5年を経過した時点ごとに登録の更新がなされる。この際、行政書士としての業務遂行に問題があった行政書士については、例外的に登録の更新が拒絶されることがある</u>。［予想問］　☞⑤答✕

1 行政書士の義務

①行政書士は、その業務を行うための事務所を設けなければならない。ただし、2以上の事務所を設けてはならない。

②行政書士は、その業務に関する帳簿を備え、これに事件の名称・年月日・受けた報酬の額・依頼者の住所氏名その他都道府県知事の定める事項を記載しなければならない。この帳簿は、関係書類とともに、帳簿閉鎖の時から2年間保存しなければならない。

③行政書士は、その事務所の見やすい場所に、その業務に関し受ける報酬の額を掲示しなければならない。

④行政書士は、正当な事由がある場合でなければ、依頼を拒むことができない。

⑤行政書士は、正当な理由がなく、その業務上取り扱った事項について知り得た秘密を漏らしてはならない。行政書士でなくなった後も、また同様とする。

2 行政書士法人

⑥行政書士は、行政書士法人を設立することができる。行政書士法人は、その名称中に行政書士法人という文字を使用しなければならない。

⑦行政書士法人の社員は、行政書士でなければならない。

学習日	月 日	月 日	月 日	月 日
正答数	／7	／7	／7	／7
解答時間	分	分	分	分

● 出た過去問！ 出る予想問！ **目標2分で答えよう** ●

❏❏❏ 一人の行政書士が、その業務を行うために、複数の都道府県において、複数の事務所を設立することは可能である。[予想問]　　　☞①答×

❏❏❏ 行政書士がその業務に関し帳簿を備えることは、会則上望ましいとされているが、法律上義務づけられてはいない。[予想問]　　　☞②答×

❏❏❏ 行政書士は、依頼人に対して口頭で説明をすれば、その事務所の見やすい場所に、その業務に関し受ける報酬の額を掲示する必要はない。[予想問]　　　☞③答×

❏❏❏ 行政書士は、依頼を拒むことができない。ただし、正当な事由がある場合を除く。[予想問]　☞④答○

❏❏❏ 行政書士は、正当な理由がなく、その業務上取り扱った事項について知り得た秘密を漏らしてはならない。ただし、行政書士でなくなった後はこの限りでない。[予想問]　　　☞⑤答×

❏❏❏ 行政書士法人は、その名称中に行政書士法人という文字を使用しなければならない。[予想問]　　　☞⑥答○

❏❏❏ 行政書士以外の者も行政書士法人の社員となることができる。[予想問]　　　☞⑦答×

3 行政書士法⑶

1 監　督

①都道府県知事は、行政書士に対し、ⓐ戒告、ⓑ2年以内の業務停止、ⓒ業務禁止処分をすることができる。

②行政書士法人の主たる事務所の所在地を管轄する都道府県知事は、ⓐ戒告、ⓑ2年以内の業務の全部・一部の停止、ⓒ解散処分をすることができる。従たる事務所が法令等に違反した場合は、従たる事務所の所在地を管轄する都道府県知事は、ⓐ戒告、ⓑ当該都道府県の区域内にある事務所について2年以内の業務の全部・一部の停止処分をすることができる。

③行政書士・行政書士法人に対し、2年以内の業務の停止処分をする場合、及び業務の禁止処分・解散処分をする場合、都道府県知事は、聴聞を行わなければならない。

④聴聞の期日における審理は、公開により行わなければならない。

⑤都道府県知事は、監督処分をした場合、遅滞なく、都道府県の公報をもって公告しなければならない。

2 業務上の規制

⑥行政書士でない者は、原則として、業として行政書士の法定独占業務を行うことができない。

⑦行政書士の使用人その他の従業者は、正当な理由がなく、その業務上取り扱った事項について知り得た秘密を漏らしてはならない。使用人その他の従業者でなくなった後も、また同様とする。

⑧上記⑥⑦に違反すると、刑事罰が科される。

行政書士法(3)

●　出た過去問！ 出る予想問！　**目標 2 分で答えよう**　●

❏❏❏　複数の都道府県に事務所を設置している行政書士法人が法令に違反する業務を行った場合の懲戒処分としての戒告・業務停止は、それぞれの事務所単位で、管轄する各都道府県知事が行うことができる。［予想問］　☞②答○

❏❏❏　行政書士が法令に違反する業務を行ったことについて<u>戒告・業務停止</u>の処分を行う場合には<u>弁明の機会</u>が、<u>解散</u>の処分を行う場合には聴聞の手続が、それぞれ行政手続法に基づき保障される。［予想問］　☞③答×

❏❏❏　行政書士法人が法令に違反する業務を行ったことについて解散処分を行う場合に先立ってなされる聴聞の期日における審理は、<u>非公開</u>で行われる。［予想問］　☞④答×

❏❏❏　行政書士としての登録は行政書士資格があることを確認する行為であるから、<u>行政書士試験に合格していれば行政書士業務を行うことができる</u>。したがって、試験に合格しているが登録をしていない行政書士が、行政書士法第1条の2第1項の業務を行っても、<u>処罰されることはない</u>。［予想問］　☞⑥⑧答×

必ず出る！基礎知識 目標 5 分で覚えよう

1 住民基本台帳

①市町村長は、常に、住民基本台帳を整備し、住民に関する正確な記録が行われるように努めるとともに、住民に関する記録の管理が適正に行われるように必要な措置を講ずるよう努めなければならない。

2 住民票

②市町村長は、個人を単位とする住民票を世帯ごとに編成して、住民基本台帳を作成しなければならない。

③住民票には、ⓐ氏名、ⓑ出生の年月日、ⓒ男女の別、ⓓ世帯主についてはその旨、世帯主でない者については世帯主の氏名及び世帯主との続柄、ⓔ戸籍の表示、ⓕ住民となった年月日などを記載する。

④市町村長は、他の市町村から当該市町村の区域内に住所を変更した者につき住民票の記載をしたときは、遅滞なく、その旨を当該他の市町村の市町村長に通知しなければならない。

⑤選挙人名簿の登録は、住民基本台帳に記録されている者などで選挙権を有するものについて行う。

⑥市町村長は、特別の請求がない限り、本人から住民票の写しの交付の請求があったときは、記載事項の全部または一部の記載を省略した住民票の写しを交付することができる。

学習日	月 日	月 日	月 日	月 日
正答数	/5	/5	/5	/5
解答時間	分	分	分	分

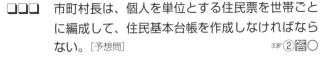

出た過去問！ 出る予想問！ 目標 2 分で答えよう

❑❑❑ 都道府県は、常に、住民基本台帳を整備し、住民に関する正確な記録が行われるように努めるとともに、住民に関する記録の管理が適正に行われるように必要な措置を講ずるよう努めなければならない。[予想問]　☞①答×

❑❑❑ 市町村長は、個人を単位とする住民票を世帯ごとに編成して、住民基本台帳を作成しなければならない。[予想問]　☞②答○

❑❑❑ 市町村長は、他の市町村から当該市町村の区域内に住所を変更した者につき住民票の記載をしたときは、遅滞なく、その旨を当該他の市町村の市町村長に通知しなければならない。[予想問]　☞④答○

❑❑❑ 選挙人名簿の登録は、住民基本台帳に記録されている者で選挙権を有するものについて行う。[予想問]　☞⑤答○

❑❑❑ 市町村長は、特別の請求がない限り、本人から住民票の写しの交付の請求があったときは、記載事項の全部または一部の記載を省略した住民票の写しを交付することができる。[予想問]　☞⑥答○

5 住民基本台帳法(2)

1 戸　　籍

①市町村長は、その市町村の区域内に本籍を有する者につき、その戸籍を単位として、戸籍の附票を作成しなければならない。

②戸籍の附票には、ⓐ戸籍の表示、ⓑ氏名、ⓒ住所、ⓓ住所を定めた年月日、ⓔ出生の年月日、ⓕ男女の別を記載する。

③戸籍の附票の記載・消除・記載の修正は、職権で行う。

④住所地の市町村長は、住民票の記載等をした場合に、本籍地において戸籍の附票の記載の修正をすべきときは、遅滞なく、当該修正をすべき事項を本籍地の市町村長に通知しなければならない。

2 届　　出

⑤転入をした者は、転入をした日から 14 日以内に、市町村長に届け出なければならない。

⑥転居をした者は、転居をした日から 14 日以内に、市町村長に届け出なければならない。

⑦転出をする者は、あらかじめ、その氏名・転出先・転出の予定年月日を市町村長に届け出なければならない。

⑧届出は、書面でしなければならない。

学 習 日	月 日	月 日	月 日	月 日
正 答 数	／5	／5	／5	／5
解答時間	分	分	分	分

● 出た過去問! 出る予想問! **目標 2 分で答えよう** ●

❑❑❑ 市町村長は、その市町村の区域内に本籍を有する者につき、その戸籍を単位として、戸籍の附票を作成しなければならない。[予想問] ☞①答○

❑❑❑ 戸籍の附票の記載、消除または記載の修正は、職権で行う。[予想問] ☞③答○

❑❑❑ 転居をした者は、転居をした日から1か月以内に、氏名、住所、転居をした年月日、従前の住所、世帯主についてはその旨、世帯員については世帯主の氏名および世帯主との続柄を市町村長に届け出なければならない。[予想問] ☞⑥答×

❑❑❑ 転出をする者は、あらかじめ、その氏名、転出先および転出の予定年月日を市町村長に届け出なければならない。[予想問] ☞⑦答○

❑❑❑ 住民基本台帳法による届出は、書面または口頭によってしなければならない。[予想問] ☞⑧答×

6 戸籍法(1)

1 戸 籍 簿

①戸籍に関する事務は、一定のものを除き、市町村長がこれを管掌する。

②戸籍は、市町村の区域内に本籍を定める一の夫婦及びこれと氏を同じくする子ごとに、これを編製する。ただし、日本人でない者（外国人）と婚姻をした者または配偶者がない者について新たに戸籍を編製するときは、その者及びこれと氏を同じくする子ごとに、これを編製する。

③戸籍は、正本と副本を設ける。正本は、これを市役所または町村役場に備え、副本は、管轄法務局もしくは地方法務局またはその支局がこれを保存する。

2 戸籍の記載

④戸籍の記載は、届出・報告・申請・請求、あるいは嘱託・証書・航海日誌の謄本、または裁判によって行う。

⑤婚姻の届出があったときは、夫婦について新戸籍を編製する。ただし、夫婦が、夫の氏を称する場合に夫が、妻の氏を称する場合に妻が戸籍の筆頭に記載した者であるときは、この限りでない。

⑥父母の氏を称する子は、父母の戸籍に入る。養子は、養親の戸籍に入る。

⑦成年に達した者は、分籍をすることができる。ただし、戸籍の筆頭に記載した者及びその配偶者は、この限りでない。

学習日	月　日	月　日	月　日	月　日
正答数	／7	／7	／7	／7
解答時間	分	分	分	分

出た過去問！ 出る予想問！ 目標 2 分で答えよう

❏❏❏ 戸籍に関する事務は、一定のものを除き、都道府県知事がこれを管掌する。[予想問] ☞①答✕

❏❏❏ 戸籍は、市町村の区域内に本籍を定める一の夫婦及びこれと氏を同じくする子ごとに、これを編製する。[予想問] ☞②答○

❏❏❏ 戸籍は、正本と副本を設ける。正本は、これを市役所または町村役場に備え、副本は、管轄法務局若しくは地方法務局またはその支局がこれを保存する。[予想問] ☞③答○

❏❏❏ 戸籍の記載は、届出によってのみ行われる。[予想問] ☞④答✕

❏❏❏ 婚姻の届出があったときは、夫婦について新戸籍を編製する。[予想問] ☞⑤答○

❏❏❏ 養子は、養親の戸籍に入る。[予想問] ☞⑥答○

❏❏❏ 戸籍の筆頭に記載した者が成年に達した場合、分籍することができる。[予想問] ☞⑦答✕

7 戸籍法(2)

● 必ず出る!基礎知識 目標 5 分で覚えよう ●

1 出生の届出・死亡の届出等

①届出の方法は、書面または口頭のどちらでもよい。

②出生の届出は、14日以内(国外で出生したときは3か月以内)にしなければならない。

③嫡出子出生の届出は、父または母が行う。子の出生前に父母が離婚をした場合は、母が行わなければならない。

④嫡出でない子の出生の届出は、母が行わなければならない。

⑤出生の届出は、出生地で行うことができる。

⑥死亡の届出は、届出義務者が死亡の事実を知った日から7日以内(国外で死亡したときはその事実を知った日から3か月以内)に行わなければならない。

⑦死亡の届出は、死亡地でこれをすることができる。

⑧死亡の届出における届出義務者の順序は、ⓐ同居の親族、ⓑその他の同居者、ⓒ家主・地主または家屋・土地の管理人である。ただし、この順序にかかわらず届出をすることができる。

⑨失踪宣告の裁判が確定したときは、裁判が確定した日から10日以内に、裁判の謄本を添附して、その旨を届け出なければならない。

2 戸籍の訂正

⑩戸籍の記載が法律上許されないものであること、または、その記載に錯誤・遺漏があることを発見した場合、利害関係人は、家庭裁判所の許可を得て、戸籍の訂正を申請することができる。

● 出た過去問！ 出る予想問！ **目標2分で答えよう** ●

戸籍法(2)

❏❏❏ 戸籍に関する届出を口頭ですることは<u>できない</u>。
[予想問]　　　　　　　　　　　☞①答×

❏❏❏ 嫡出でない子の出生の届出は、母のみがすること
ができるが、嫡出子出生の届出は<u>父のみ</u>がするこ
とができる。[予想問]　　　　　☞③④答×

❏❏❏ 出生の届出は、子の本籍地でこれをしなければな
らず、子の出生地でこれをすることは<u>できない</u>。[予
想問]　　　　　　　　　　　　　☞⑤答×

❏❏❏ 死亡の届出は、届出義務者が、死亡の事実を知っ
た日から<u>14日以内</u>にしなければならない。[予想
問]　　　　　　　　　　　　　　☞⑥答×

❏❏❏ 死亡の届出は、親族以外の者がすることは<u>できな
い</u>。[予想問]　　　　　　　　　☞⑧答×

❏❏❏ 失踪宣告の裁判が確定したときは、裁判が確定し
た日から10日以内に、裁判の謄本を添附して、そ
の旨を届け出なければならない。[予想問]　☞⑨答○

❏❏❏ 戸籍の記載が法律上許されないものであることを
発見した場合には、利害関係人は、家庭裁判所の
許可を得て、戸籍の訂正を申請することができる。
[予想問]　　　　　　　　　　　☞⑩答○

第 3 編

情報通信・
個人情報保護

1 デジタル情報

1 アナログとデジタル

①アナログとは、データを連続的に変化する指標（量）で表現すること。これに対して、デジタルとは、データを数字列による離散値として表現すること。

2 コンピュータでの処理

②映像・音声・温度など、人間が感知する情報はアナログデータである。コンピュータで処理するには、これをデジタルデータに変換（デジタル化）する必要がある。

③変換するには、まず、連続した元データを一定間隔で区切る。**画像**なら、分解して、小さな点の集合にする。これを標本化という。

④そして、標本化されたデータに決められた桁数の数値を割り当てて、デジタルデータに変換し（量子化）、2 進数で表現する。情報を 2 進数のデータ（「0」と「1」の組合せ）として表現することを符号化という。

⑤ビットは、情報量の最小単位である。1 ビットは、1 桁の 2 進数のことで、「0」と「1」の 2 通りの表現ができる。2 ビットは、2 桁の 2 進数のことで、「00」、「01」、「10」、「11」の 4 通りの表現ができる。

⑥8 ビットを 1 バイト（B）と呼ぶ。1 バイトは、8 桁の 2 進数のことで、256（2 の 8 乗）通りの表現ができる。英数字などの**半角文字**は、1 バイトで表現できるが、日本語の漢字には、2 バイトが必要である。

⑦2 進数では、**キロ**は 2 の 10 乗倍、**メガ**は 2 の 20 乗倍、**ギガ**は 2 の 30 乗倍。よって、1 キロバイト（KB）は 1024 バイト。

● 出た過去問！ 出る予想問！ 目標 2 分で答えよう ●

❏❏❏ 既存の状態をアナログ、既存の状態からの変化を
デジタルと呼ぶ。情報のデジタル化とは、情報が
既存の状態から変化する近年の情報技術革新を指
す。[H25-57-1 改]　　　　　　　　　☞①②答×

❏❏❏ 画像をコンピュータで扱うためには、画像を分解
して小さな点（ドット）の集まりに置き換える必
要がある。こうした作業を符号化という。[H25-57-
5]　　　　　　　　　　　　　　　　☞③④答×

❏❏❏ 1ビットで2通り、2ビットで4通り、4ビット
で 16 通りの情報を表すことができる。8ビット
で 256 通りの情報を表すことができ、これを1バ
イト（B）と呼ぶ。[H25-57-2]　　　☞⑤⑥答○

❏❏❏ 文字をコンピュータで扱うためには、文字に2進
数の文字コードを付ける必要がある。日本工業規
格（JIS）漢字コードで表された1つの漢字の情
報量は、1バイトである。[H25-57-4]　☞⑥答×

❏❏❏ 大きな情報量を表す単位に、キロバイト（KB）、
メガバイト（MB）、ギガバイト（GB）がある。
1 km² = 1,000,000 m² と同様に、1 KB = 1,000,000 B
である。[H25-57-3]　　　　　　　　☞⑦答×

デジタル情報

2 インターネット(1)

1 インターネットとは何か

① インターネットは、アメリカ国防総省高等研究計画局が 1970 年頃に取り組んだコンピュータ間の通信に関する研究をベースに生まれた**通信ネットワーク**である。

② インターネットに接続しているコンピュータごとに振られている識別番号を IP アドレスという。

③ インターネット上の**住所**に当たる文字列をドメインネーム(ドメイン名)という。ドメイン名の登録は、原則として**先着順**であり、許可は不要である。

④ DNS (Domain Name System) は、ドメイン名を IP アドレスに変換する仕組みである。

⑤ SMTP (Simple Mail Transfer Protocol) とは、電子メールを送信するための通信ルール(プロトコル)である。

2 Web (ウェブ)

⑥ Web (ウェブ)とは、インターネット上に散在する**情報**を公開するためのシステムである。Web を閲覧するためのソフトウェアを Web ブラウザという。

⑦ ポータルサイトとは、インターネットへの**入口**となる Web サイトである。ブラウザ起動時に最初に表示させ、様々なサイトにジャンプするベースとなる。

⑧ ウィキリークスとは、政府、企業などに関する**機密情報**を匿名で公開するウェブサイトの1つである。

学習日	月　日	月　日	月　日	月　日
正答数	／6	／6	／6	／6
解答時間	分	分	分	分

● 出た過去問！ 出る予想問！　**目標 2 分で答えよう** ●

❑❑❑ インターネットの歴史は、アメリカで国防用を主目的として開発されたコンピュータネットワークの構築に遡るといわれる。[H20-57-1]　　☞①答○

❑❑❑ IP アドレスとは、通信する相手（コンピュータ）を一意に特定するため、インターネットに直接接続されるコンピュータに割り振られる固有の数値をいう。[H27-55-2]　　☞②答○

❑❑❑ ホームページのアドレスであるドメインネームを取得するためには、原則として経済産業大臣の許可が必要である。[H15-57-5]　　☞③答×

❑❑❑ DNS とは、Digital Network Solution の略であり、コンピュータ・ネットワークにおいてセキュリティを確保するための国際的に標準化された仕組みである。[H29-56-イ]　　☞④答×

❑❑❑ SMTP とは、SIMPLE MAIL TRANSFER PROTOCOL の略称で、電子メールを送信するための通信プロトコルのこと。[R2-55-イ改]　　☞⑤答○

❑❑❑ ウィキリークスとは、政治、行政、ビジネス、宗教などに関する機密情報を匿名で公開するウェブサイトの一つであり、アメリカ政府の外交機密文書が公開されるなど話題となった。[H27-55-1]　　☞⑧答○

インターネット(1)

3 インターネット(2)

1 インターネットの利用

①サーバとは、ネットワーク上で情報やサービスを提供するコンピュータのこと。

② ADSL とは、電話用に引かれた一般の加入回線を使って高速通信を可能にするモデム技術のこと。

③クッキーとは、Web ブラウザ内に蓄積される一種の来歴情報のこと。これにより、サーバは、アクセスした利用者を特定し、その訪問履歴などをチェックできる。

④ログとは、ユーザの接続時刻や処理内容などを記録したファイルのこと。通常は、ログを参照することで、コンピュータの動作を管理できる

⑤ Wiki(ウィキ)とは、ユーザが Web サーバ上の文書を書き換えるシステムのこと。これを利用して、アメリカ発祥のウィキペディア財団が運営する百科事典の無償オンラインサービスがウィキペディア (Wikipedia) である。

⑥ IoT とは、様々なモノがセンサーと無線通信を通してインターネットにつながり、インターネットの一部を構成するようになることである。

2 ファイル交換ソフト

⑦ファイル交換ソフトとは、インターネットを介して不特定多数のコンピュータの間でファイルを共有するソフト。中央サーバが管理する形態と、利用者のみの形態がある。

⑧ファイル交換ソフトは、公開・非公開を指定できる仕組みになっている。しかし、暴露ウィルスに感染すると、本来非公開の個人情報や内部資料が流出してしまうこともある。

● 出た過去問！出る予想問！ 目標 **2** 分で答えよう ●

❑❑❑ サーバとは、ネットワーク上で情報やサービスを提供するコンピュータのことをいい、インターネットでは、Web サーバやメールサーバ、DNS サーバなどが使用されている。[H22-57-4]　　☞①答○

❑❑❑ クッキーとは、Web ページにアクセスした利用者を、Web・サーバ側でチェックするための機能である。[H20-57-3]　　☞③答○

❑❑❑ ログとは、コンピュータが保有するユーザーの接続時刻や処理内容などを記録したファイルのことをいい、通常は、ログを参照することで、コンピュータの動作を管理することができる。[H22-57-5]　☞④答○

❑❑❑ ウィキペディア（Wikipedia）とは、<u>イギリス発祥の出版事業者が運営する</u>百科事典の無償オンラインサービスのことである。[H20-57-5]　　☞⑤答×

❑❑❑ IoT とは、様々な「モノ」を<u>インターネット上で理解したり学習したりする環境</u>という意味である。[H28-55-2]　　☞⑥答×

❑❑❑ ファイル交換ソフト自体は、公開するファイル、公開しないファイルを指定できる仕組みとなっているが、ファイル交換ソフトが暴露ウィルスに感染してしまった時には、本来非公開の個人情報や内部資料がネットワーク上に流出してしまうことがある。[H18-53-3]　　☞⑧答○

インターネット(2)

4 情報セキュリティ技術

1 ネット上の脅威

①**コンピュータウイルス**とはコンピュータに被害を及ぼす不正なプログラム。自己増殖するものを**ワーム**という。

②**スパイウェア**とは、利用者に気づかれないようにインストールされ、利用環境や操作履歴などの**情報を収集**するソフトウェアのことである。

③**不正アクセス禁止法**が禁止しているのは、なりすまし行為とセキュリティ・ホールを攻撃する行為である。実在する企業になりすまし、偽メールや偽サイトを使って個人情報を詐取する詐欺をフィッシングという。

④**リスクウェア**とは、インストール・実行した場合にシステムにリスクをもたらす可能性のあるソフトウェアをいう。

⑤**ランサムウェア**とは、感染したコンピュータのデータを暗号化してロックし、使えない状態にしたうえで、データを復元する対価として金銭を要求するプログラムをいう。

⑥**フリースウェア**とは、無料トライアルなどを通して解除方法を知らせないままネットの利用者をサブスクリプションに誘導し、高額の利用料を請求するアプリをいう。

⑦**クリッパー・マルウェア**とは、感染したコンピュータのクリップボード情報を収集し悪用する機能を持つマルウェアをいう。仮想通貨を狙ったものが多い。

⑧**ファームウェア**とは、ハードウェアの基本的な制御を行うために機器に組み込まれたソフトウェアをいう。

出た過去問！出る予想問！ 目標 **2** 分で答えよう

□□□ ワームとは<u>アプリケーションの開発時に発生した</u><u>プログラムのミスが原因で起きる不具合のこと</u>をいう。[H29-56-ア]　　　　　　　　　☞①答×

情報セキュリティ技術

□□□ 「不正アクセス行為の禁止等に関する法律」は、不正アクセス行為および<u>コンピュータウイルスの作成行為等を禁止し、それらに対する罰則を定めている</u>。[H21-56-4]　　　　　　　　　☞③答×

□□□ フィッシングとは、電子メールやWWWを利用した詐欺の一種で、悪意の第三者が企業等を装い、偽のサイトに誘導し、クレジットカード等の情報を入力させて盗み取る手法をいう。[H27-55-3]

☞③答○

□□□ ランサムウェアとは、感染したコンピュータのデータを暗号化してロックし、使えない状態にしたうえで、データを復元する対価として金銭を要求するプログラムをいう。[R5-55-2]　　　☞⑤答○

□□□ ファームウェアとは、<u>二軍を意味するファームからとられ、優れた性能を持ったアプリケーションのパフォーマンスを劣化させる悪性のプログラムである</u>。[R5-55-4]　　　　　　　　☞⑧答×

5 情報通信用語

1 情報通信用語

① e スポーツとは、「エレクトロニック・スポーツ」の略称である。物理的な運動ではなく、コンピュータゲーム・ビデオゲームを使ったスポーツ競技のことをいう。

② シンギュラリティとは、技術的特異点のことで、人工知能自身の自己フィードバックにより改良・高度化した技術や知能が、人類に代わって文明の進歩の主役になる時点のこと。2045 年には、人工知能は人間の脳を超えるシンギュラリティに到達するといわれている。

③ Society 5.0 とは、サイバー空間（仮想空間）とフィジカル空間（現実空間）を融合させたシステムにより、経済発展と社会的課題の解決を両立する社会（Society）のこと。狩猟社会（1.0）⇨農耕社会（2.0）⇨工業社会（3.0）⇨情報社会（4.0）に続く、新たな社会を指す。

④ DX（デジタルトランスフォーメーション）とは、デジタル技術を浸透させることで、生活やビジネスの質を向上させ変革していくことである。

⑤ サブスクとは、サブスクリプションの略称。一定の料金を支払うことで、一定のサービスや製品を一定期間利用することができるビジネスモデルのことである。

⑥ 5G とは、第 5 世代移動通信システムのこと。5G の通信速度は、4G の 20 倍といわれている。

学習日	月　　日	月　　日	月　　日	月　　日
正答数	／5	／5	／5	／5
解答時間	分	分	分	分

出た過去問！ 出る予想問！ 目標 ②分で答えよう ●

情報通信用語

❑❑❑ eスポーツとは、物理的な運動とコンピュータを連動させたスポーツ競技のことで、2020東京オリンピックでは、デモンストレーションが行われた。[予想問]　　　☞①啓×

❑❑❑ Society 5.0とは、仮想空間と現実空間を融合させ、経済発展と社会的課題の解決を両立する情報社会のことをいい、農耕社会や工業社会に次ぐ新たな社会を指す。[予想問]　　　☞③啓×

❑❑❑ 情報技術を用いて業務の電子化を進めるために政治体制を専制主義化することを「デジタルトランスフォーメーション」という。[R4-56 ウ]　☞④啓×

❑❑❑ サブスクとは、サブスクリプションの略称で、一定額の料金を支払うことで一定期間にサービスや製品を利用することができるビジネスモデルのことをいう。[予想問]　　　　　☞⑤啓○

❑❑❑ 5Gとは、第5世代移動通信システムのことで、5Gの通信速度は4Gの20倍といわれており、生産性や安全性の向上も期待されている。[予想問]
☞⑥啓○

6 プロバイダの責任

1 プロバイダとは何か

①プロバイダとは、インターネットに接続するサービスを提供する者をいう。

②電気通信回線設備を保有・管理する電気通信事業者だけでなく、プロバイダなど電気通信回線設備を用いて他人の需要に応じるために提供する電気通信事業者にも、通信の秘密保持義務が及ぶ。

2 プロバイダ責任制限法の対象

③プロバイダ責任制限法は、特定電気通信による情報の流通によって権利の侵害があった場合の法律。権利の侵害がない場合には、適用されない。

④特定電気通信による情報の発信は、不特定の者を対象とするものでなければならない。

3 プロバイダ等の損害賠償責任の制限

⑤プロバイダ等が提供した情報の流通によって、他人の権利が侵害され、損害が生じたとしても、プロバイダ等は、一定の要件に該当しなければ、損害賠償責任を負わない。

4 発信者情報の開示請求権

⑥特定電気通信による情報流通によって権利侵害が明らかな場合または正当な理由がある場合、権利を侵害されたとする者は、プロバイダ等に対して発信者情報の開示を請求できる。

⑦開示請求に応じないために請求者に損害が発生しても、プロバイダ等は、故意または重過失がない限り、損害賠償責任を負わない。

● 出た過去問！ 出る予想問！ **目標 2 分で答えよう** ●

プロバイダの責任

❏❏❏ 通信の秘密を守る責務を負うのは電気通信回線設備を保有・管理する電気通信事業者であり、プロバイダなどほかの電気通信事業者の回線設備を借りている電気通信事業者には通信の秘密保持義務は<u>及ばない</u>。[R1-55- ア]　　　☞②答×

❏❏❏ プロバイダ責任制限法では、情報の発信は不特定の者に対するものでなければならないので、特定人のみを相手とする通信は適用の対象とならず、ウェブサイトでの公開のような情報の発信が適用の対象となる。[H22-55-2]　　　☞④答〇

❏❏❏ プロバイダ責任制限法は、インターネット上の情報流通によって権利侵害を受けたとする者が、プロバイダ等に対し、発信者情報の開示を請求できる権利を定めている。[H21-56-2]　　　☞⑥答〇

❏❏❏ プロバイダ責任制限法は、インターネットの掲示板に自己の名誉を毀損する書き込みがなされたと主張する者から、書き込んだ者の情報（発信者情報）の開示請求を受けた場合、プロバイダが<u>迅速に無条件で</u>開示に応じることができるように、プロバイダの損害賠償責任を制限している。[H22-55-5]　　　☞⑦答×

7 電子署名と電子証明書

1 電子署名

①電子署名法（電子署名及び認証業務に関する法律）は、電子署名の円滑な利用について定めている。これによって、電磁的方式による情報の流通及び情報処理を促進し、国民生活の向上及び国民経済の健全な発展に寄与することを目的とする。

②電子署名とは、電磁的記録に記録された情報の作成者（本人性）を示す措置であって、情報が改変されていないこと（非改ざん性）を確認できるものをいう。

③本人による電子署名が行われている電磁的記録は、真正に成立したものと推定される。ただし、公務員が職務上作成した電磁的記録を除く。

2 電子証明書

④公的個人認証サービスの電子証明書には、氏名、生年月日、性別、公開鍵が記載される。本籍地は記載されない。

⑤公的個人認証サービスの電子証明書の有効期間は、発行の日後の申請者の5回目の誕生日までである。

⑥公的個人認証サービスの電子証明書の用途は、行政機関等に対する電子申請等と、民間認証事業者が電子証明書を発行する際の本人確認手段に限定されている。民間の商取引に直接利用することはできない。

⑦公的個人認証サービスの電子証明書は、私人の本人確認のために用いられるものである。地方公共団体自身の組織認証に用いられるものではない。

● 出た過去問！出る予想問！ 目標 2 分で答えよう ●

❏❏❏ 電子署名とは、実社会の手書きサイン（署名）や押印を電子的に代用しようとする技術であって、作成名義の同一性（本人性）および内容の同一性（非改ざん性）を確認することができるものをいう。[H20-56-1] ☞②答○

❏❏❏ 電子署名に係る地方公共団体の認証業務に関する法律（公的個人認証法）により発行される電子証明書には、氏名、生年月日、性別、本籍地が記載される。[H19-56-3] ☞④答×

❏❏❏ 電子署名に係る地方公共団体の認証業務に関する法律（公的個人認証法）により発行される電子証明書は、その発行の日から起算して5年の有効期間が定められている。[H19-56-5 改] ☞⑤答×

❏❏❏ 電子署名に係る地方公共団体の認証業務に関する法律（公的個人認証法）により発行される電子証明書は、民間での取引にも使えるように、一般の民間企業等でもその検証（失効情報の問い合わせ）が認められている。[H19-56-4] ☞⑥答×

❏❏❏ 地方公共団体の発行する公的個人認証の証明書は、私人の本人性確認と地方公共団体自身の組織認証のために用いられる。[H18-54-5] ☞⑦答×

電子署名と電子証明書

8 e-文書通則法

1 e-文書通則法とは何か

① e-文書通則法は、法令の規定により民間事業者等が行う書面の保存・作成・縦覧・交付を**電磁的方法**によって行うことができるようにするための共通事項を定めたものである。

② e-文書通則法が適用されるのは、**法令の規定**により保存等を義務付けられている<u>民間事業者</u>である。地方公共団体の**条例**や**規則**によって義務付けられている者には、適用されない。

2 電磁的記録による保存等

③ e-文書通則法は、法令が**書面**での作成・保存を義務付けているものについて、書面に代えて<u>電磁的記録</u>で作成・保存することを認めている。そして、電磁的記録による作成・保存を書面による作成・保存とみなしている。

④ 電磁的記録による作成・保存の具体的な方法は、<u>主務省令</u>で定める。

⑤ e-文書通則法は、利用段階においても、**書面の縦覧等**に代えて、情報の<u>ディスプレイ表示</u>を利用することを認めている。

⑥ 紙で作成された書類をスキャナで読み込んだ**イメージファイル**など(電子化文書)も、一定の技術要件を満たせば、<u>原本</u>とみなされる。

出た過去問！
出る予想問！　**目標２分で答えよう**

❑❑❑　e-文書通則法は、民間事業者等が書面に代えて電磁的記録による保存、作成、縦覧、交付を行うことができるようにするための規定を置いている。[H21-56-3]　☞①答○

❑❑❑　e-文書通則法は、法令の規定により民間事業者等が行う書面の保存等に関し、電磁的方法により行うことを<u>義務づける</u>に際しての共通事項を定めるものである。[H20-55-1]　☞①答×

❑❑❑　e-文書通則法は、地方公共団体が条例や規則により書面による保存等を義務づけている文書についても<u>直接に適用される</u>。[H20-55-3]　☞②答×

❑❑❑　e-文書通則法は、文書内容の重要性や改ざんのおそれ等に応じて、書面の電子保存の具体的な方法や要件を<u>統一的に定めている</u>。[H20-55-2]　☞④答×

❑❑❑　e-文書通則法は、書類の作成と保存については電磁的方法によることを認めたが、利用段階で書面の縦覧等に代えて情報のディスプレイ表示を利用することは<u>認めていない</u>。[H20-55-5]　☞⑤答×

❑❑❑　e-文書通則法は、紙で作成された書類をスキャナで読み込んだイメージファイルなど（電子化文書）も一定の技術要件を満たせば原本とみなすことを認めている。[H20-55-4]　☞⑥答○

e-文書通則法

9　デジタル行政(1)

1　デジタル手続法

①デジタル手続法では、行政のデジタル化に関する**基本原則**と、行政手続の<u>原則オンライン化</u>のための**必要事項**等を定めている。

2　デジタル手続法の基本原則

②デジタル手続法では、<u>デジタルファースト</u>、<u>ワンスオンリー</u>、<u>コネクテッド・ワンストップ</u>を基本原則とする。

③<u>デジタルファースト</u>とは、個々の手続・サービスが一貫してデジタルで完結することをいう。

④<u>ワンスオンリー</u>とは、一度提出した情報は二度提出する必要がないことをいう。

⑤<u>コネクテッド・ワンストップ</u>とは、民間サービスを含め、複数の手続がワンストップで実現することをいう。

3　デジタル社会形成基本法

⑥<u>デジタル社会形成基本法</u>では、地域経済の活性化、地域における魅力ある多様な就業の機会の創出などを通じて、活力に満ちた地域社会の実現や地域社会の持続可能性の確保などに寄与することを定めている。

⑦国は、<u>デジタル社会</u>の形成に関する施策を策定し、実施する責務を有する。

⑧地方公共団体は、その地方公共団体の区域の特性を生かした<u>自主的な施策</u>を策定し、実施する責務を有する。

⑨事業者は、自ら積極的にデジタル社会の形成の推進に努めるとともに、国または地方公共団体が実施するデジタル社会の形成に関する施策に協力するよう努める。

● 出た過去問！ 出る予想問！ **目標 ② 分で答えよう** ●

デジタル行政(1)

❑❑❑ デジタル手続法においては、情報通信技術を活用し、行政手続等の利便性の向上や行政運営の簡素化・効率化を図るため、行政のデジタル化に関する基本原則及び行政手続の原則オンライン化のために必要な事項を定めている。［予想問］　☞①**答**○

❑❑❑ デジタル手続法では、デジタルファースト、<u>ワンストップサービス</u>、<u>デジタルガバメント</u>を基本原則としている。［予想問］　☞②**答**×

❑❑❑ <u>デジタルファースト</u>とは、民間サービスを含め、複数の手続やサービスがワンストップで実現することである。［予想問］　☞③⑤**答**×

❑❑❑ デジタル社会形成基本法では、デジタル社会形成の基本理念と施策策定に係る基本方針を定め、国、地方公共団体及び事業者の責務を明らかにしている。［予想問］　☞⑦⑧⑨**答**○

❑❑❑ 事業者は、積極的にデジタル社会の形成の推進を実現するとともに、国又は地方公共団体が実施するデジタル社会の形成に関する施策に<u>協力しなければならない</u>。［予想問］　☞⑨**答**×

1 デジタル行政推進法

①デジタル行政推進法の正式名称は、「情報通信技術を活用した行政の推進等に関する法律」。情報通信技術を活用した行政の推進の基本原則を定めている。

②住民票の写しや登記事項証明書などの添付が規定されている場合、行政機関等が個人番号カードの利用など、直接または電子情報処理組織を使用して確認すべき情報を入手し、または参照可能なときは、添付を省略できる。

2 行政のデジタル化

③ガバメントクラウドとは、政府が整備・運用する、政府機関と自治体のための共通のクラウドサービス利用環境をいう。地方自治体での活用も期待されている。

④LGWANとは、地方自治体や政府機関が機密性の高い情報伝達を行うために構築された閉鎖型のネットワークであり、自治体内や自治体間でのメールや掲示板の機能を持つ連絡ツールとしても活用されている。

⑤オープンデータとは、二次利用が可能な公開データのことで、人手や労力・費用などのコストをかけずに多くの人が利用できるものである。官民データ活用推進基本法において、国及び地方公共団体はオープンデータに取り組むことが義務づけられた。

出た過去問！ 出る予想問！ 目標②分で答えよう

❑❑❑ 申請等をする者の住民票の写しを添付することが規定されている場合、行政機関等が個人番号カードの利用などで直接に情報を入手し、または参照することができる場合には、添付することを省略できる。［予想問］　　　　　　　☞②答〇

❑❑❑ <u>登記事項証明書</u>の添付が要求されている手続については、行政機関等の電子情報処理組織を使用して確認することが困難なため、<u>添付を省略することはできない</u>。［予想問］　　　☞②答✕

❑❑❑ ガバメントクラウドとは、国の行政機関が、共通した仕様で行政サービスのシステムを整備できるクラウド基盤を指すが、セキュリティ上の理由から、<u>地方自治体は利用できないもの</u>とされている。［R5-54- イ］　　　　　　　　　　☞③答✕

❑❑❑ LGWAN とは、地方自治体や政府機関が機密性の高い情報伝達を行うために構築された閉鎖型のネットワークであり、自治体内や自治体間でのメールや掲示板の機能を持つ連絡ツールとしても活用されている。［R5-54- エ］　　　　　☞④答〇

❑❑❑ オープンデータとは、二次利用が可能な公開データのことで、人手や労力・費用などのコストをかけずに多くの人が利用できるものであるが、自治体が保有する情報のオープンデータ化は<u>禁止されている</u>。［R5-54- オ］　　　　　☞⑤答✕

デジタル行政(2)

必ず出る！基礎知識 目標5分で覚えよう

1 迷惑メール防止法とは何か

①迷惑メール防止法の正式名称は、「特定電子メールの送信の適正化等に関する法律」という。

②電子メールの良好な利用環境を整備し、高度情報通信社会の健全な発展に寄与することを目的に、特定電子メールの送信を適正化するための措置等を定めている。

③特定電子メールは、自己または第三者の営業の広告・宣伝のために送信する電子メールである。

2 特定電子メールの送信

④特定電子メールは、原則として、予め送信に同意した者に対してしか送信できない（オプトイン方式）。メールタイトル部に特定電子メールと記述しても、事前の同意のない者には送信できない。

⑤特定電子メールは、送信者に関する情報（氏名または名称、住所、メールアドレス）を表示して送信しなければならない。

⑥受信者が受信拒否の意図を通知した場合、送信者は、その意思に反して特定電子メールを送信してはならない。

⑦架空の電子メールアドレス宛ての送信は禁止されている。

⑧一時に多数の架空アドレス宛て電子メールの送信により支障を生じるおそれのある場合、電気通信事業者は、その利用者に対して通信役務の提供を拒める。

学 習 日	月　日	月　日	月　日	月　日
正 答 数	／6	／6	／6	／6
解答時間	分	分	分	分

● 出た過去問！ 出る予想問！　目標②分で答えよう ●

迷惑メール防止法

❑❑❑ 「特定電子メールの送信の適正化等に関する法律」は、近年改正され、あらかじめ同意した者に対してのみ広告宣伝メールの送信を認める方式（いわゆる「オプトイン」方式）を導入した。[H21-56-1]
☞④答○

❑❑❑ メールタイトル部に特定電子メールである旨の記述をしたからといって、受信者の事前の同意なしに特定電子メールを送信することができるわけではない。[H17-56-4]　　　　　　☞④答○

❑❑❑ 特定電子メールを送信する際には、送信者に関する情報（氏名または名称、住所、メールアドレス）の記述をしなければならない。[H17-56-3]　　☞⑤答○

❑❑❑ 受信者が受信拒否の意図を送信者に伝えると、送信者はそれ以降特定電子メールの送信を止めなければならない。[H17-56-1]　　　　　　☞⑥答○

❑❑❑ 大量の架空電子メールアドレスをコンピュータプログラム上で生成し、それらのアドレスに対し、特定電子メールを送信することは禁止されている。[H17-56-2]　　　　　　☞⑦答○

❑❑❑ 特定電子メールを送信者が一時に多数送信した場合であっても、電気通信事業者はこの利用者に対し電気通信役務の提供を拒絶することはできない。[H17-56-5]　　　　　　☞⑧答×

12 情報公開法(1)

1 情報公開法の目的

①情報公開法は、<u>国民主権</u>の理念にのっとり、行政機関の保有する情報を<u>一層公開</u>しようという法律である。

②目的は、政府の諸活動を国民に<u>説明する責務</u>の全うするとともに、公正で<u>民主的</u>な行政の推進にある。

2 行政文書の開示請求

③何人も、行政機関の長に対し、**行政文書の開示**を請求できる。また、**地方自治体の情報開示条例**の多くが、何人にも開示請求を認めている。

④<u>行政文書</u>とは、行政機関の職員が**職務上作成・取得**した文書、図画及び電磁的記録であって、職員が**組織的に用いる**ものとして、その行政機関が保有しているものをいう。

⑤<u>行政機関</u>とは、内閣に置かれる機関、内閣府、各省などをいう。宮内庁や会計検査院も含まれる。ただし、**地方公共団体**は含まれない。地方公共団体は、情報公開法の趣旨にのっとり、必要な施策の実施に努める必要がある。

⑥開示請求をするには、<u>開示請求書</u>を行政機関の長に提出しなければならない。

⑦開示請求書には、**請求者**の氏名・名称、住所・居所、法人その他の団体であれば代表者の氏名、**行政文書の名称**など行政文書を<u>特定</u>するに足りる事項を記載しなければならない。開示を請求する<u>理由</u>や決定がなされるべき<u>期間</u>については記載<u>不要</u>である。

⑧行政文書の開示請求は、**有料**である。これに対して、地方自治体への開示請求は、**無料**とするところが多い。

● 出た過去問！ 出る予想問！ 目標②分で答えよう ●

情報公開法(1)

❑❑❑ 地方自治体の情報公開条例は、通例、地方自治の本旨を、国の情報公開法は<u>知る権利</u>を、それぞれの目的規定に掲げている。[H25-54-3] ☞②<mark>答</mark>×

❑❑❑ 行政文書の開示請求権者については、国の場合は何人もとされているが、今日では、地方自治体の場合にも何人もとするところが多い。[H25-54-4]

☞③<mark>答</mark>○

❑❑❑ 個人情報保護法の保有個人情報が記録されている「行政文書」は、情報公開法のそれと同じ概念である。[H23-55-ア改] ☞④<mark>答</mark>○

❑❑❑ 各地方公共団体は、<u>情報公開法の直接適用を受ける</u>一方で、個人情報保護については個別に条例を定めて対応している。[H23-55-イ] ☞⑤<mark>答</mark>×

❑❑❑ 当該行政文書の開示を<u>請求する理由</u>は、開示請求書の記載事項である。[H15-8-エ] ☞⑦<mark>答</mark>×

❑❑❑ 開示請求に対して<u>決定がなされるべき期間</u>は、開示請求書の記載事項である。[H15-8-オ] ☞⑦<mark>答</mark>×

❑❑❑ 開示請求手数料については、国の場合には有料であるが、地方自治体の開示請求では無料とする場合が多い。[H25-54-5] ☞⑧<mark>答</mark>○

1 行政文書の開示義務

①適法な開示請求があった場合、行政機関の長は、不開示情報が記録されている場合を除いて、請求された行政文書を開示しなければならない。

②不開示情報を容易に区分して除くことができる場合は、行政機関の長は、不開示情報を除いた部分を開示しなければならない。ただし、そこに有意の情報がない場合は開示不要である。

③不開示情報が記録されている場合でも、公益上特に必要と認めるときは、行政機関の長は、請求された行政文書を開示できる。

④請求された行政文書の存否を答えるだけで、不開示情報の開示になる場合には、存否を明らかにしないで、請求を拒否できる。これをグローマー拒否という。

2 不開示情報

⑤特定の個人を識別できる個人に関する情報や、公にすることにより個人の権利利益を害するおそれのある個人に関する情報は、不開示情報である。ただし、公務員等の職務の遂行に係る情報の場合は、公務員等の職や職務遂行の内容に係る部分を開示しなければならない。

⑥法人等に関する情報または事業を営む個人に関する情報であって、公にすることにより権利・競争上の地位その他正当な利益を害するおそれがあるものも、不開示情報。事務等の性質上、開示が適正な遂行の支障となるおそれの国や地方公共団体等の事務等に関する情報も不開示。

出た過去問！ 出る予想問！ 目標 2 分で答えよう

情報公開法(2)

❏❏❏ 行政機関の長は、開示請求に係る行政文書の一部に不開示情報が記録されている場合において、不開示情報が記録されている部分を容易に区分して除くことができるときは、当該部分を除いた部分につき開示しなければならない。[H16-8-5] ☞②答○

❏❏❏ 行政機関の長は、開示請求に係る行政文書に不開示情報が記録されている場合であっても、公益上特に必要があると認めるときには、当該行政文書を開示しなければならない。[H16-8-1] ☞③答×

❏❏❏ 開示請求に対し、当該開示請求に係る行政文書が存在しているか否かを答えるだけで、不開示情報を開示することとなるときは、行政機関の長は、当該行政文書の存否を明らかにしないで、当該開示請求を拒否することができる。[H16-8-2] ☞④答○

❏❏❏ 行政機関情報公開法では、特定の個人を識別することができなくとも、公にすることにより当該個人の権利利益を侵害するおそれがあるような情報が載っている行政文書は不開示となりうる。[H25-55-1] ☞⑤答○

❏❏❏ 行政機関の長は、個人識別情報であっても、当該個人が公務員等である場合には、職務遂行の内容のみならず、その職についても開示しなければならない。[H16-8-3] ☞⑤答○

14 公文書管理法

必ず出る！基礎知識　目標 5 分で覚えよう

1 公文書等

①公文書管理法が管理について定めている**公文書等**とは、行政文書・法人文書・特定歴史公文書等をいう。法人とは、独立行政法人等のことである。

2 行政文書の管理

②行政機関の職員は、法令の制定・改廃、その経緯などの所定の事項について文書を作成しなければならない。

③行政機関の長は、行政文書の管理に関する定め（行政文書管理規則）を設け、その管理の状況について、毎年度、内閣総理大臣に報告しなければならない。

④行政機関の長は、保存期間が満了した行政文書ファイル等を廃棄する場合、予め**内閣総理大臣**と協議し、同意を得なければならない。

3 特定歴史公文書等の保存・利用

⑤国立公文書館等に移管・寄贈・寄託され、または国立公文書館の設置する公文書館に移管された歴史資料として重要な公文書等を**特定歴史公文書等**という。

⑥特定歴史公文書等は、永久保存が原則である。ただし、歴史資料として重要でなくなった場合は、内閣総理大臣と協議し、同意を得て、廃棄できる。

⑦特定歴史公文書等の利用請求があった場合、原則として利用させなければならない。

⑧国立公文書館等の長は、特定歴史公文書等の**保存及び利用の状況**について、毎年度、内閣総理大臣に報告しなければならない。

学 習 日	月 日	月 日	月 日	月 日
正 答 数	／5	／5	／5	／5
解答時間	分	分	分	分

出た過去問！ 出る予想問！ 目標 2 分で答えよう

公文書管理法

❑❑❑ 公文書管理法は、情報公開法と同様、行政機関による行政文書の管理、歴史公文書等の保存、利用等を定めているが、<u>独立行政法人等の文書管理は定めていない。</u>[H27-54-2] ☞①答✕

❑❑❑ 公文書管理法は、行政機関の長が行政文書の管理に関する定め（行政文書管理規則）を設けなければならないと定めている。[H28-57-3] ☞③答○

❑❑❑ 公文書管理法は、行政機関の長が毎年度行政文書の管理の状況を内閣総理大臣に報告しなければならないと定めている。[H28-57-2] ☞③答○

❑❑❑ 公文書管理法は、行政機関の長が保存期間が満了した行政文書ファイル等を廃棄しようとするときは、予め内閣総理大臣に協議し、その同意を得なければならないと定めている。[H28-57-4] ☞④答○

❑❑❑ 公文書管理法は、歴史公文書等のうち、国立公文書館等に移管、寄贈もしくは寄託され、または、国立公文書館の設置する公文書館に移管されたものを「特定歴史公文書等」と定義し、永久保存の原則を定めている。[H27-54-3] ☞⑤⑥答○

15 個人情報保護法(1)

1 制定の背景・目的

①デジタル社会の進展に伴い、個人情報の利用が著しく拡大していることに鑑み、**個人情報保護法**（個人情報の保護に関する法律）は制定された。

②個人情報保護法は、個人情報の適正かつ効果的な活用が新たな産業の創出や活力ある経済社会及び豊かな国民生活の実現に資するなど、個人情報の**有用性**に配慮しつつ、個人の権利利益を保護することを目的としている。

③個人情報保護法は、プライバシーの権利について規定していない。

2 制定内容

④個人情報保護法は、個人情報の適正な取扱いに関する基本理念や、政府による基本方針の作成などの**個人情報の保護に関する施策の基本**となる事項を定めている。

⑤個人情報保護法は、個人情報の適正な取扱いに関し、**国や地方公共団体の責務等**を明らかにするとともに、個人情報を取り扱う事業者の義務等を定めている。また、匿名加工情報取扱事業者の義務についても定めている。

3 基本理念

⑥個人情報は、個人の人格尊重の理念に基づき、慎重に取り扱われるべきであり、**適正な取扱い**を図らなければならない。

⑦個人情報保護法の基本理念は、国や地方公共団体の行政機関にも適用される。

出た過去問!
出る予想問! 目標 ② 分で答えよう

❏❏❏ 個人情報の保護に関する法律は、デジタル社会の進展に伴い個人情報の利用が著しく拡大していることを背景として制定された。[H22-56-ア改]

☞①答○

❏❏❏ 個人情報保護法は、個人情報の有用性に配慮しつつ、個人の権利利益を保護することを、その目的としている。[H23-54-オ]

☞②答○

❏❏❏ 個人情報の保護に関する法律は、「プライバシーの権利」という言葉を明文で目的規定に掲げ、高度情報通信社会におけるこの権利の重要性を説いている。[H21-54-1]

☞③答×

❏❏❏ 個人情報の保護に関する法律は、国及び地方公共団体の責務のほかに、個人情報取扱事業者の遵守すべき義務を明文で定めている。[H22-56-エ]

☞⑤答○

❏❏❏ 個人情報の保護に関する法律は、個人の人格尊重の理念の下に個人情報を慎重に取り扱うべき旨を明文で定めている。[H22-56-オ]

☞⑥答○

❏❏❏ 個人情報保護法において基本理念を掲げる規定は、地方公共団体の行政機関に対しても適用される。[H24-57-イ]

☞⑦答○

個人情報保護法(1)

16 個人情報保護法(2)

1 国の責務

①国には、個人情報保護法の趣旨にのっとり、個人情報の適正な取扱いを確保するために必要な施策を総合的に策定・実施する責務がある。

2 地方公共団体の責務

②地方公共団体には、個人情報保護法の趣旨にのっとり、地方公共団体の区域の特性に応じて、個人情報の適正な取扱いを確保するために必要な施策を策定・実施する責務がある。

③地方公共団体は、保有する個人情報の適正な取扱いを確保するために必要な措置を講ずる。

④地方公共団体が取り扱う情報には、個人情報保護法の個人情報取扱事業者に関する規定は適用されない。

3 個人情報の定義

⑤個人情報保護法の保護の対象である個人情報とは、生存する個人に関する情報であって、特定の個人を識別できるもの、または個人識別符号が含まれるものをいう。

⑥個人情報は、電子計算機処理されたものに限らず、書面等に記載された情報も、保護の対象となる。

⑦不利益が生じないように取扱いに特に配慮を要するものを要配慮個人情報という。

● 出た過去問! 出る予想問! **目標 2 分で答えよう** ●

個人情報保護法⑵

❑❑❑ 個人情報保護法の趣旨にのっとり、個人情報の適正な取扱いを確保するために、国には必要な施策を総合的に策定・実施する責務があるのに対して、地方公共団体には、区域の特性に応じて策定・実施する責務がある。[予想問]　　　☞①②答〇

❑❑❑ 個人情報の保護に関する法律における「個人情報」とは、生存する個人に関する情報であって、特定の個人を識別することができるもの、又は個人識別符号が含まれるものをいう。[予想問]　☞⑤答〇

❑❑❑ 単なる記号や数字から構成されるメールアドレスや学籍番号は、それのみでは個人情報にあたらないが、他の名簿等と容易に照合して特定個人を識別することが可能なものは、個人情報にあたる。[予想問]　　　☞⑤答〇

❑❑❑ 個人情報の保護に関する法律は、個人情報データベースという言葉を用いていることからも明らかなように、電子計算機処理された個人情報のみを規律の対象としている。[H19-53-1]　☞⑥答×

必ず出る！
基礎知識 目標 5 分で覚えよう

1 生存する個人に関する情報

①生存している限り、未成年者や外国人に関する情報も、個人情報として保護される。

②死者の情報は、個人情報に含まれない。

③死者に関する情報が生存する個人の個人情報に当たるかについて、判例は、当該情報の内容と当該個人との関係を個別に検討して判断すべきであるとし、直ちに当該情報が個人情報に当たるということはできないとしている。

④法人等の団体は個人ではないから、法人等の団体自体に関する情報は、個人情報に当たらない。ただし、法人が持つ顧客情報や役員・従業員情報は、個人情報である。

2 特定の個人を識別できる情報

⑤他の情報と容易に照合することができ、それによって特定の個人を識別できるものも、個人情報に含まれる。そのため、空間上の特定の地点または区域の位置を示す情報である位置情報も、個人情報になり得る。

⑥個人名が含まれていなくても、特定の個人を識別できる情報であれば、個人情報として規制の対象となる。

3 個人識別符号

⑦個人識別符号とは、特定個人の身体の一部の特徴を電子計算機の用に供するために変換した文字・番号・記号その他の符号であり、当該個人を識別することができるものをいう。

⑧顔認証データ・指紋認識データ・マイナンバー・パスポート番号などは、個人識別符号にあたる。

出た過去問！ 出る予想問！ 目標 2 分で答えよう

❏❏❏ 6歳未満の者の個人情報は、原則として個人情報の保護に関する法律の規律の対象とならない。[H19-54-3] ☞①答×

❏❏❏ 個人情報保護法は、原則として生存者の個人情報を守るものであるが、死者の情報であっても、それが、同時にその遺族の個人情報でもある場合には、個人情報に含まれるものと解している。[H24-55-1] ☞②答○

❏❏❏ 法人等の団体そのものに関する情報も、法人等の役員の情報も「法人」の情報であって、個人情報の保護に関する法律にいう「個人情報」ではない。[H21-54-3] ☞④答×

❏❏❏ 個人情報保護法の個人情報とは、情報そのもので個人が識別されるものでなければならず、他の情報と容易に照合することによって、特定個人を識別できる情報を含まない。[H24-55-5] ☞⑤答×

❏❏❏ 個人番号（マイナンバー）は、個人識別符号である。[H30-57-イ] ☞⑧答○

❏❏❏ パスポートの番号は個人識別符号にあたるが、顔認証データや指紋認証データのような身体の特徴は、個人識別符号にあたらない。[予想問] ☞⑧答×

個人情報保護法 (3)

必ず出る！基礎知識 目標 5 分で覚えよう

1 個人情報取扱事業者

①<u>個人情報取扱事業者</u>とは、**個人情報データベース等**を事業の用に供している者をいう。営利目的か非営利目的かは問わない。

②<u>個人情報データベース等</u>とは、個人情報を含む情報の集合物であって、特定の個人情報を電子計算機で検索できるように体系的に構成したものと、容易に検索できるように体系的に構成したとして政令で定めるものをいう。

③個人情報データベース等を構成する**個人情報**を<u>個人データ</u>という。

2 個人情報取扱事業者からの除外

④**国の機関**、**地方公共団体**、独立行政法人等、地方独立行政法人は、個人情報取扱事業者に当たらない。

3 義務等の適用除外

⑤<u>報道機関</u>（報道を業として行う個人を含む）が報道のために個人情報を取り扱う場合は、個人情報取扱事業者の義務等の規定は適用されない。

⑥<u>著述業者・宗教団体・政治団体</u>がその活動のために個人情報を取り扱う場合も同じ。<u>学術研究機関等</u>（例大学）については、一部の規定が適用されない。

4 匿名加工情報取扱事業者

⑦<u>匿名加工情報取扱事業者</u>とは、匿名加工情報データベース等を事業の用に供している者をいう。**匿名加工情報**とは、特定の個人を識別できないように個人情報を加工し、かつ復元できないようにしたものである。

学習日	月　日	月　日	月　日	月　日
正答数	／7	／7	／7	／7
解答時間	分	分	分	分

出た過去問！
出る予想問！ **目標 2 分で答えよう**

❏❏❏ 外部に情報提供する目的で個人情報データベース等を作成・管理しているだけのデータベース事業者は、「個人情報取扱事業者」に該当しない。[H21-54-4] ☞①答×

❏❏❏ 個人情報の保護に関する法律は、中小規模の事業者に配慮して、一定の数を超える従業者を有する事業者のみを規律の対象としている。[H19-53-2] ☞①答×

❏❏❏ 行政書士会、税理士会などの士業の団体は、営利事業を営むものではないので、個人情報の保護に関する法律にいう「個人情報取扱事業者」に該当することはない。[H21-54-5] ☞①答×

❏❏❏ 行政機関個人情報保護法が廃止されて個人情報保護法に一元化された結果、個人情報保護法に規定される規律は、公的部門と民間部門について、まったく同一となった。[R5-57-エ改] ☞④答×

❏❏❏ 報道機関は、個人情報取扱事業者の義務等の規定の適用が除外されている。[H18-56-ア] ☞⑤答○

❏❏❏ 大学は、個人情報取扱事業者の義務等の規定の適用が一律に除外されている。[H18-56-イ改] ☞⑥答×

❏❏❏ 弁護士会は、個人情報取扱事業者の義務等の規定の適用が除外されている。[H18-56-オ] ☞⑤⑥答×

個人情報保護法(4)

19 個人情報保護法(5)

1 個人情報取扱事業者の個人情報の利用目的と第三者提供

①**個人情報取扱事業者**は、個人情報の利用目的をできる限り特定しなければならない。

②個人情報取扱事業者は、本人の同意を得ないで、特定された利用目的の達成に必要な範囲を超えて個人情報を取り扱ってはならない。

③個人情報取扱事業者は、原則として、あらかじめ本人の同意を得ずに個人データを第三者に提供してはならない。

④**個人情報取扱事業者**は、人の生命・身体・財産の保護のために必要がある場合や、公衆衛生の向上または児童の健全な育成の推進のために特に必要がある場合であって、本人の同意を得ることが困難であるときなどは、本人の同意なく、個人データを第三者に提供することができる。

⑤電気通信事業者は、生命身体切迫時には、利用者の同意なく、その位置情報を第三者に提供することができる。

2 個人情報取扱事業者の個人情報の取得・管理

⑥**個人情報取扱事業者**は、不正な手段で個人情報を取得してはならない。要配慮個人情報は、本人の同意が必要。

⑦個人情報取扱事業者は、個人データの漏えい・滅失・毀損の防止など、個人データの安全管理のために**必要かつ適切な措置**を講じなければならない。

⑧個人情報取扱事業者は、個人データの安全確保に係る事態で、個人の権利利益を害するおそれが大きいものとして個人情報保護委員会規則で定めるものが生じたときは、その旨を個人情報保護委員会に報告しなければならない。

出た過去問! 出る予想問! **目標②分で答えよう**

□□□ 個人情報取扱事業者が、あらかじめ本人の同意を得ることなく利用目的の範囲を超えて個人情報を取り扱った場合に、当該行為について発せられた個人情報保護委員会の命令に違反したときは、処罰の対象となる。[H24-54-3 改] ☞②答○

□□□ 個人情報取扱事業者は、公衆衛生の向上のため特に必要がある場合には、個人情報によって識別される特定の個人である本人の同意を得ることが困難でない場合でも、個人データを当該本人から取得することができ、当該情報の第三者提供にあたっても、あらためて、当該本人の同意を得る必要はない。[R2-57-2] ☞③④答×

□□□ 電気通信事業者は、利用者の位置情報を第三者に提供するには原則として利用者の同意が必要だが、生命身体切迫時には人命救助の見地から同意なく提供できる。[H27-57-2] ☞⑤答○

□□□ 個人情報取扱事業者は、個人情報を漏えいする事故を起こした場合には、すべて個人情報保護委員会に報告しなければならない。[H24-54-2 改] ☞⑧答×

個人情報保護法 (5)

必ず出る！基礎知識 目標 5 分で覚えよう

1 苦情の処理

①個人情報取扱事業者は、個人情報の取扱いに関する<u>苦情</u>の適切かつ迅速な処理に努めるとともに、必要な体制の整備に努めなければならない。

2 認定個人情報保護団体

②個人情報保護法は、<u>認定個人情報保護団体</u>という制度を用意して、その団体が個人情報保護を推進することを期待している。

③<u>認定個人情報保護団体</u>とは、個人情報の適正な取扱いのために、**苦情処理**や**情報の提供**等を行う法人または団体として、<u>個人情報保護委員会</u>の認定を受けたものをいう。

3 個人情報保護と消費者保護

④消費者契約法には、消費者の利益を一方的に害する条項を<u>無効</u>とする規定がある。他方、個人情報保護法には、そのような規定は<u>ない</u>。

⑤個人情報保護の**個人**だけでなく、消費者保護の**消費者**にも、<u>法人</u>は含まれない。

4 個人情報保護と欧州データ保護規則（GDPR）

⑥欧州データ保護規則は、欧州経済領域で扱われている<u>個人データ</u>保護のため、領域内で業務展開する企業を規制している。この場合、当該企業の拠点の所在地を<u>問わない</u>。

⑦欧州データ保護規則は、<u>死者</u>の情報の取扱いについて、加盟国の裁量に委ねている。

● 出た過去問！／出る予想問！ 目標 **2** 分で答えよう ●

□□□ 個人情報取扱事業者は、個人情報の取扱いに関する苦情の適切かつ迅速な処理のために必要な体制を整備しなければならない。[予想問] ☞①答×

□□□ 個人情報の保護に関する法律は、認定個人情報保護団体という制度を用意して、苦情処理などを事業者団体が処理することを期待している。[H19-53-5] ☞②③答○

□□□ 個人情報保護委員会は、認定個人情報保護団体に関する事務をつかさどる。[R4-57-5] ☞③答○

□□□ 消費者契約法における消費者も個人情報保護法における個人も、その利益を一方的に害する契約を締結させられた場合において、当該契約の無効を主張できる権利をそれぞれの法律上付与されている。[H23-56-2] ☞④答×

□□□ 欧州経済領域内に本社を置く企業に限り欧州データ保護規則（GDPR）の規制対象となる。[H30-55-ア] ☞⑥答×

□□□ EU（欧州連合）のGDPR（欧州データ保護規則）は、死者の情報の取扱いについて、加盟国の裁量に委ねている。[R5-57-イ] ☞⑦答○

個人情報保護法(6)

● 著者紹介 ●

竹井　弘二（たけい・こうじ）

1971 年 9 月 15 日生まれ。

行政書士、1 級 FP 技能士、宅地建物取引士。

慶應義塾大学を卒業後、LEC 東京リーガルマインド講師として、宅建など不動産系の資格の講義及び教材制作を担当。その後、IT 企業にて法務及び総務を担当する。

2011 年に創業支援などを行う株式会社ルミノーゾ・パートナーズを設立する。また、2012 年に資格試験対策講座や企業研修などを行う株式会社シープを設立する。2017 年からは一般社団法人ルミノーゾにて障がい者の方の就労支援も行う。

上記資格以外にもマンション管理士、管理業務主任者、賃貸不動産経営管理士、日商簿記検定、ビジネス実務法務検定、メンタルヘルス・マネジメント検定などにも合格している。

企画原案　水　田　嘉　美
装　　丁　やぶはな　あきお

ケータイ行政書士　基礎知識　2024

2024 年 3 月 11 日　　第 1 刷発行

著　者　竹　井　弘　二
発行者　株式会社　三　省　堂
　　　　代表者　瀧本多加志
印刷者　大日本法令印刷株式会社
発行所　株式会社　三　省　堂
〒 102-8371　東京都千代田区麴町五丁目 7 番地 2
電　話　(03) 3230-9411
https://www.sanseido.co.jp/

<24 ケータイ行政書士基礎・144pp.>